A Resistência dos Estados Africanos
à Jurisdição do Tribunal Penal Internacional

A Resistência dos Estados Africanos à Jurisdição do Tribunal Penal Internacional

2012

Alexandre Guerreiro

**A RESISTÊNCIA DOS ESTADOS AFRICANOS
À JURISDIÇÃO DO TRIBUNAL PENAL INTERNACIONAL**

AUTOR
Alexandre Guerreiro

EDITOR
EDIÇÕES ALMEDINA, S.A.
Rua Fernandes Tomás, nºs 76-80
3000-167 Coimbra
Tel.: 239 851 904 · Fax: 239 851 901
www.almedina.net · editora@almedina.net

DESIGN DE CAPA
FBA.

PRÉ-IMPRESSÃO
G.C. – GRÁFICA DE COIMBRA, LDA.

IMPRESSÃO E ACABAMENTO
DPS - DIGITAL PRINTING SERVICES, LDA
setembro, 2012

DEPÓSITO LEGAL
347870/12

Apesar do cuidado e rigor colocados na elaboração da presente obra, devem os diplomas legais dela constantes ser sempre objecto de confirmação com as publicações oficiais.
Toda a reprodução desta obra, por fotocópia ou outro qualquer processo, sem prévia autorização escrita do Editor, é ilícita e passível de procedimento judicial contra o infractor.

 | GRUPOALMEDINA

BIBLIOTECA NACIONAL DE PORTUGAL – CATALOGAÇÃO NA PUBLICAÇÃO
GUERREIRO, Alexandre Teixeira Neto
A resistência dos estados africanos à
jurisdição do Tribunal Penal Internacional
ISBN 978-972-40-4834-5
CDU   341

Ao Professor Armando Marques Guedes, por todo
o apoio, amizade e disponibilidade.

À Professora Helena Pereira de Melo pela co-orientação.

À Professora Paula Escarameia, que já não está entre nós,
pela inspiração.

À minha família pelos sacrifícios feitos
para que eu pudesse estudar.

A todos os que sempre acreditaram no meu valor.

PREFÁCIO

O livro que o Leitor tem entre mãos resultou de uma dissertação de segundo ciclo do seu Autor, o agora Mestre Alexandre Guerreiro. O grau foi obtido, com uma alta classificação, na Faculdade de Direito da Universidade Nova de Lisboa. Tive o gosto de ser dele orientador, e de ter ainda contado com a ajuda da Professora Helena Pereira de Melo. O tema é aliciante, pouco ou nada conhecido e, até este estudo, ainda desbravado no nosso País, mesmo por especialistas. O que é curioso, uma vez que implica questões jurídicas (em ressonância com outras políticas) a respeito de um universo político-jurídico que, temos por hábito declarar, nos diz historicamente muito: o africano. Sobretudo quando verificamos que a propósito de um tópico – os direitos humanos – que, argumentamos também, nos interessa e no qual, comprazemo-nos a afirmar, somos pioneiros.

Equacionar razões para as numerosas recusas, provindas de Estados africanos, em aprovar e ratificar os Estatutos aprovados em Roma, a 17 de Julho de 1998 (tendo o Tratado entrado em vigor a 1 de Julho de 2002, após ter obtido as 60 ratificações, aceitações, aprovações ou adesões necessárias de acordo com o artigo 126.º do mesmo) permite-nos não só compreender dinâmicas internas em curso nesses novos Estados e nos seus relacionamentos externos, mas ainda aferir alguma da centralidade política de decisões aparentemente de natureza no essencial jurídico-judiciária. Lança luz tanto sobre questões políticas internas aos Estados que, em África, fizeram questão de resistir a um instrumento universalista como o TPI, como sobre questões políticas a eles externas. Fazê-lo redunda num abordar de problemas de níveis de análise cuja destrinça não é fácil.

Quero aqui cartografar alguns desses problemas, no seguimento do que o Autor com cuidado – e inovação – delineou na sua monografia. Em boa verdade, o trabalho de Alexandre Guerreiro coloca pela primeira vez na mesa questões que a todos deviam preocupar, designadamente as relativas aos motivos que têm levado, e em larga medida ainda levam, um número apreciável de Estados africanos a manifestar resistências e hesitações quanto à sua própria adesão ao primeiro tribunal internacional penal de carácter permanente, o Tribunal Penal Internacional (TPI). É certo que, também na Ásia, muitos Estados há que igualmente vacilam, tal como, aliás, os há no mundo islâmico em geral. Os casos africanos (e/ou muçulmanos, bem como os asiáticos) de resistência constituem exemplos particularmente interessantes, tendo em mente que o TPI é uma entidade tardia (apenas apareceu mais de meio século volvida a Segunda Guerra Mundial) com competência territorial universal e com capacidade para julgar as mais graves violações de Direitos Humanos – e que está vocacionado para julgar atropelos que, em muitos casos, têm desde então tido lugar no continente africano, e/ou em domínios em que vigora o Islão. Porquê?

Mesmo se tão só num muito breve apanhado, vale decerto a pena começar por uma leitura cartográfica macro das hesitações e resistências verificadas. Muito tem sido escrito sobre a oposição norte-americana ao TPI e às dúvidas levantadas por Washington quando à sua eventual adesão a uma instituição que, muitos acreditam, virá dar um novo ímpeto a uma justiça internacional que dele tanto precisa. O argumentário utilizado para decifrar o repúdio dos Estados Unidos tem variado pouco, radicando, genericamente, na capacidade norte-americana em afirmar uma soberania insubmissa a quaisquer outros poderes – sobretudo quando tal os faria sentir mais vulneráveis. Por trás da curiosa fixação nos EUA e nas suas hesitações e nesse esgrimir de argumentos, residem quantas vezes motivações político-ideológicas fáceis de entrever: o mais leve dos escrutínios mostra que muitíssimo mais raros são os «analistas» que têm sublinhado que um grande número de outras das chamadas Grandes Potências (a Rússia, a China e a Índia, por exemplo) também recusaram aderir ao TPI. Os que reconheceram desde início esta correlação tendem a nela fundamentar as explicações que oferecem para tais rejeições – por via de regra, imputando-as ao facto de se tratarem justamente de grandes potências. Potências, tem corrido célere o argumento, não só capazes – por isso mesmo – de se emprenhar nesse repúdio, mas ainda manifestamente tendo nisso – também por essa razão – interesses «soberanistas» evidentes. Antes de descer de patamar, cabe ainda sublinhar que, ainda neste plano mais macro, temos de incluir algumas *nuances*.

Com efeito, mesmo nos Estados Unidos, para nos atermos a um só exemplo, as posições face ao TPI têm variado bastante. A Administração Clinton assinou, logo em 2000, o Estatuto de Roma, embora os não tivesse depois sujeito a uma imprescindível ratificação pelo Senado. Já a Administração Bush – no poder quando da fundação do TPI – declarou, com firmeza, que o Estado norte-americano não se juntaria ao Tribunal. Com a Administração Obama, que se lhe seguiu, deu-se uma terceira viragem, ao ser estabelecida uma relação de trabalho com o TPI, a quem, hoje em dia, uma Administração norte-americana menos renitente que a de Clinton e menos avessa que a de Bush por vezes refere e envia casos concretos para apreciação. Mais *nuances*, decerto, que as que se têm feito sentir numa China, numa Índia ou numa Federação Russa, que se têm mostrado mais inflexíveis. De novo, porquê? Note-se que descer de patamar, para níveis mais micro, longe de nos dar verdadeiras respostas para estas variações e diferenças adensa mais as dificuldades com que nos deparamos ao tentar compreender as resistências havidas.

Efectivamente, se muito tem sido dito sobre a renitência ao TPI dos Estados Unidos, e alguma coisa sobre as das outras Grandes Potências, quase nada, ao invés, tem sido escrito sobre as resistências de pequenas e médias potências – Estados cuja comparativa subalternidade no sistema internacional não permite, evidentemente, o esgrimir de «explicações» soberanistas do mesmo tipo. Como (e porquê) resistirão esses pequenos e médios Estados? Para estes casos, e nos poucos trabalhos académicos produzidos, várias são as explicações mais micro que têm sido aventadas. Será por verem no TPI uma entidade que dá corpo a valores e prioridades que lhes são alheios – e na sua «imposição», como «uma nova forma de expressão do poder hegemónico» do Ocidente? Se assim é, como explicar, então, a recusa norte-americana? Ou será, antes, uma resistência de lideranças ciosas no seu controlo nacional, que por isso utilizam quaisquer argumentos que possam, pois vêem em entidades como o TPI ameaças ao seu poder – como, por exemplo, tem vindo a insistir Kofi Annan? Será por medo de um universalismo que derrogaria nos nacionalismos e discursos identitários típicos de Estados recém-criados, que deles precisam para a sua consolidação? Será, finalmente, porque consideram que os princípios que subjazem a criações como o TPI dão corpo a um individualismo que casa mal com o comunitarismo que tradicionalmente preferem? Um momento de atenção torna evidente que, embora todas estas leituras sejam defensáveis, são, também, pouco convincentes – já que para qualquer uma delas não custa encontrar excepções que, nos seus termos, permaneceriam inexplicadas.

É aqui que se aloja o estudo de Alexandre Guerreiro. O trabalho monográfico que o Leitor tem entre mãos dá largos passos na direcção de uma melhor explicação para a viscosidade de um processo (o da universalização de um TPI que, lenta mas inexoravelmente, se parece ir instalando nos palcos internacionais) que a todos importa. Com firmeza e coragem intelectual, mais do que encontrar soluções ou assumir certezas Alexandre Guerreiro problematiza; aventa e suscita explicações que vai desconstruindo, propõe percursos analíticos, numa frase, desbrava terrenos. O esforço é exemplar.

Muitos estudos com este calibre fossem produzidos e publicados. Todos com isso ganharíamos.

Professor Doutor Armando Marques Guedes
Faculdade de Direito,
Universidade Nova de Lisboa

LISTA DE ACRÓNIMOS

ADM	– Armas de Destruição em Massa
AMISOM	– Missão da União Africana para a Somália
APF	– Acordo de Paz Final
ASPA	– American Servicemembers Protection Act
BRIC	– Brasil, Rússia, Índia e China
CADHP	– Carta Africana dos Direitos Humanos e dos Povos
CCV	– Constituição de Cabo Verde
CICV	– Comité Internacional da Cruz Vermelha
CIID	– Comissão Internacional de Inquérito para o Darfur
CNT	– Conselho Nacional de Transição
CNU	– Carta das Nações Unidas
CPLP	– Comunidade de Países de Língua Portuguesa
CRA	– Constituição da República de Angola
CRM	– Constituição da República de Moçambique
CRP	– Constituição da República Portuguesa
DUDH	– Declaração Universal dos Direitos Humanos
ER	– Estatuto de Roma
FDIBAS	– Fórum de Diálogo Índia-Brasil-África do Sul
FIDH	– Fédération International des Ligues des Droits de l'Homme
FNI	– Front des Nationalistes et Intégrationnistes
FPLC	– Forces Patriotiques pour la Libération du Congo
FRPI	– Front de Résistance Patriotique en Ituri
G4	– Grupo dos 4
G8	– Grupo dos 8

GAJ	– Groupe d'Action Judiciaire
HRW	– Human Rights Watch
IBAS	– Índia, Brasil e África do Sul
JEM	– Justice and Equality Movement
KNCHR	– Kenya National Commission on Human Rights
LCDH	– Ligue Centrafricaine des Droits de l'Homme
LRA	– Lord's Resistance Army
MLC	– Mouvement de Liberátion du Congo
MPCI	– Mouvement Patriotique de la Côte d'Ivoire
NATO	– North Atlantic Treaty Organization
NCP	– National Congress Party
OCODEFAD	– Organisation pour la compassion et le développement des familles en Dértresse
ONG	– Organizações Não-Governamentais
ONU	– Organização das Nações Unidas
OUA	– Organização de Unidade Africana
P5	– Permanent 5
PALOP	– Países Africanos de Língua Oficial Portuguesa
PDF	– Popular Defense Forces
QC	– Questão Central
QD	– Questão Derivada
RCA	– República Centro Africana
RDC	– República Democrática do Congo
S5	– Small Five
SADC	– Southern African Development Community
SPLA	– Sudan People's Liberation Army
SPLM	– Sudan People's Liberation Movement
TESL	– Tribunal Especial para a Serra Leoa
TPI	– Tribunal Penal Internacional
TPI-R	– Tribunal Penal Internacional para o Ruanda
UA	– União Africana
UfC	– United for Consensus
UNOCI	– Operação das Nações Unidas na Costa do Marfim
UPC	– Union des Patriotes Congolais
URSS	– União das Repúblicas Socialistas Soviéticas

MODO DE CITAÇÃO ADOPTADO

A bibliografia citada corresponde a bibliografia disponível a 25 de Março de 2012.

Os sítios de internet citados foram consultados e/ou confirmados a 25 de Março de 2012.

Sempre que disponíveis, são referidos os volumes, os números e os locais de publicação das obras.

A ordem pela qual se encontram referidas mais do que uma obra, numa mesma nota, não obedece a qualquer critério específico.

As citações de notícias são acompanhadas pelo nome do respectivo autor sempre que este é disponibilizado pela fonte.

As referências a obras já citadas em notas anteriores é realizada através da repetição do nome do Autor acompanhada pela expressão «op. cit.» ou pela mera referência Ibidem, conforme sejam interpoladas ou seguidas as referências, ou pelas primeiras palavras do Título se for referida mais do que uma obra de um mesmo Autor.

As referências a artigos publicados na internet já citados anteriormente é feita através da remissão para a primeira nota correspondente.

Da bibliografia final constam apenas as obras citadas.

Foram consultadas as obras consideradas como as mais relevantes para a elaboração do presente trabalho, tendo em atenção a variedade e a qualidade das fontes.

Nas citações, são adoptadas, primordialmente, as aspas portuguesas para referir transcrições de expressões utilizadas por autores ou para realçar o sentido dado a determinadas palavras ou expressões. Na hierarquia seguem-se as aspas britânicas.

Quando utilizadas palavras ou expressões latinas ou noutra língua estrangeira, as mesmas são escritas em itálico.

Na ausência de data da obra citada, utiliza-se a abreviatura s.d..

Todas as citações de início de capítulo ou subcapítulo pertencem a personalidades africanas ou correspondem a provérbios africanos, referindo-se, sempre que se justifique, o evento onde foram proferidas.

1. Introdução

> «*O tronco, por mais tempo que fique na água, nunca será crocodilo*»[1]

Alvo de evolução a um ritmo paulatino ao longo dos séculos, o Direito Internacional Público foi-se desenvolvendo em favor da crescente protecção do indivíduo, enquanto sujeito primordial do Direito Internacional, e também da tentativa de imposição de um ideal ético universal de inspiração kantiana. Porém, e numa era em que o número de Estados era manifestamente menor, não deixa de ser paradoxal o facto de a II Guerra Mundial não ter sido devidamente aproveitada pelos promotores da causa universalista tendo em vista a criação de órgãos suficientemente capazes de garantir a protecção de um conjunto de direitos vistos como comuns a todos os povos.

Foi preciso esperar mais de 50 anos até ao aparecimento do primeiro tribunal internacional penal de carácter permanente, o Tribunal Penal Internacional (TPI)[2], com competência territorial universal e com capa-

---

[1] Provérbio africano.
[2] O Estatuto do TPI foi aprovado em Roma, em 17 de Julho de 1998, tendo entrado em vigor a 1 de Julho de 2002, após ter obtido as 60 ratificações, aceitações, aprovações ou adesões necessárias, de acordo com o artigo 126º do Tratado. A versão oficial portuguesa pode ser consultada no sítio do Gabinete de Documentação e Direito Comparado (http://www.gddc.pt/direitos-humanos/textos-internacionais-dh/tidhuniversais/tpi-estatuto-roma.html). A 1 de Fevereiro de 2012, o TPI contava com 120 Estados parte, o mais recente dos quais, a República de Vanuatu, confirmou a 2 de Dezembro de 2011 a sua adesão

cidade para julgar as violações mais graves de Direitos Humanos cometidas por indivíduos que – quer por incapacidade, quer pela ausência de vontade nas instituições internas dos Estados a que pertençam – não sejam responsabilizados e garantam a sua impunidade.

O processo de negociação do Estatuto de Roma, que criou as fundações do TPI e os respectivos instrumentos anexos[3], foi concluído após morosas e difíceis negociações, estando envolto em polémica resultante de factores como o voto contra dos Estados Unidos ou a questão dos poderes do Procurador. Ademais, o papel reservado ao Conselho de Segurança das Nações Unidas, bem como outras questões de natureza formal, política e material, agravaram a polémica em torno do funcionamento de um Tribunal que parece funcionar num trapézio sem rede e com critérios demasiado ambíguos para um órgão de tamanha responsabilidade.

Apesar do tendencial aumento do número de Estados partes no Estatuto de Roma, a acção do TPI tem vindo a ser alvo de crescente contestação e resistência de Estados africanos que se queixam da vigência de uma abordagem imperialista do Tribunal. De facto, a justificação do Procurador Luís Moreno-Ocampo de que apenas alguns casos suscitam o interesse e a intervenção do TPI coloca o Tribunal numa posição delicada junto dos seus principais destinatários, sendo visto, não raras vezes, como um órgão político que actua através de instrumentos jurídicos para prosseguir a agenda de Estados ocidentais.

O fenómeno de resistência dos Estados africanos à jurisdição do TPI não constitui uma prática isolada e excepcional, antes decorre igualmente da tendência de rejeição a outros instrumentos de carácter universal promovidos, mormente, pelos Estados Unidos, que, enquanto paladino dos Direitos Humanos e da «boa governação» em África, pros-

---

ao Estatuto de Roma. Cfr. «Vanuatu becomes the 120th State to join the Rome Statute system», International Criminal Court, 5 de Dezembro de 2011. http://www.icc-cpi.int/NR/exeres/4BDEBBE7-841B-4469-BBB5-82ACC921A0FF.htm).

[3] Destacando-se as «Regras de Processo e Prova» e «Elementos dos Crimes». Estes instrumentos podem ser consultados no site do TPI (endereço http://www.icc-cpi.int/Menus/ICC/Legal+Texts+and+Tools/).

segue uma agenda que insta África a colaborar incondicionalmente com o TPI, o que poderá ter, como contrapartida, benefícios políticos e económicos.

Esta tentativa de expansão dos padrões ocidentais colide com concepções e valores elementares e tradicionais africanos, inspirados, em grande parte, na primazia da comunidade e na importância que ela representa para a formação do indivíduo, o qual, de acordo com a visão tradicional, não o é sem a sociedade. Isto diz muito sobre as diferenças existentes entre as visões europeia/norte-americana e africana e justifica a criação e adopção de instrumentos regionais de *soft law* – tais como, entre outros, a Carta Africana dos Direitos Humanos e dos Povos, de 1981 – para afastar o assédio ocidental e permitir a conservação e o livre exercício da soberania pelos governos africanos.

Apesar do antagonismo evidente entre o universalismo ético kantiano capitalista, de inspiração judaico-cristã – cuja interpretação extensiva assume efeito catalisador sobre as agendas ocidentais –, e o relativismo cultural africano viciado pelas elites dominantes em muitos regimes africanos, a identificação de valores verdadeiramente comuns a todos os seres humanos e a imposição de limitações aos mesmos permitem travar o ímpeto dominante de todos os actores em presença: dos conservadores, aos liberais.

Finalmente, e porque um fenómeno de bipolaridade ganha maior projecção com a desigualdade que se verifica na partilha de poder à escala global, concorrendo para a consolidação de agendas universalistas de potências dominantes que explorem a sua presença no Conselho de Segurança das Nações Unidas, têm vindo a aumentar as pressões para a reforma do Conselho, tendo em vista a adequação dos órgãos de concentração de poder internacional à actual conjuntura geopolítica. Apesar da morosidade verificada em torno do alargamento do Conselho de Segurança, os Estados africanos não são alheios à exigência de atribuição de lugares permanentes a representantes do continente, partilhando uma visão comum do caminho que deve seguir essa reforma.

Neste quadro, e revelando a entrada no «universo da *realpolitik*», a África do Sul ameaça assumir-se como favorita à corrida por um possível assento em disputa, objectivo para o qual tende a beneficiar dos apoios de Índia, China e Brasil, bem como de alguns Estados ocidentais. Com vista à concretização deste objectivo, a política externa sul-africana assume-se tendencialmente pragmática e ambígua ao caracterizar-se pela defesa da jurisdição do TPI – como forma de granjear o apoio ocidental – ao mesmo tempo que defende a resolução dos problemas africanos em sede das organizações regionais.

Com o presente trabalho propomos: (i) a análise dos antecedentes históricos do TPI, enquanto fundamentais para o entender do conjunto de motivações e dinâmicas que levaram à necessidade de garantir a criação de um tribunal permanente de protecção dos Direitos Humanos e também para a caracterização da evolução das iniciativas da Comunidade Internacional[4] nesse sentido; (ii) a descrição dos elementos estruturantes do TPI e consequente avaliação aos factores que atentam contra a imagem do Tribunal, fragilizando a sua actuação; (iii) a análise às motivações dos Estados africanos para aceitarem, adoptarem uma posição intermédia ou rejeitarem o Estatuto de Roma, às eventuais mutações das abordagens de cada um dos actores em questão e ainda a forma como tal afecta a eficácia do Estatuto; (iv) a caracterização das situações actualmente sob a alçada de Haia e a identificação dos factores que concorrem para que África se afirme como palco exclusivo da jurisdi-

---

[4] Autores como GEORG SCHWARZENBERGER referem que o conceito de «Comunidade Internacional» ilustra, na verdade, um exemplo de sociedade, dado que o individualismo de cada Estado consubstancia-se «num potencial factor de conflito, cujo efeito desagregador é mais forte do que o efeito agregador dos interesses convergentes que aproximam os Estados». Este entendimento é afastado por ANDRÉ GONÇALVES PEREIRA, FAUSTO DE QUADROS, *Manual de Direito Internacional Público*, 3ª Edição, Coimbra, Almedina, 2009, pp. 32-38, que consideram que «é largamente dominante na doutrina a expressão *Comunidade Internacional*» e que «se assiste a uma progressiva comunitarização de vários domínios da velha e clássica Sociedade Internacional, em termos tais que» consideram a hipótese de «os seus traços comunitários virem a sobrepor-se às suas características societárias». Adoptaremos o conceito de «Comunidade Internacional» por tendermos a concordar com esta última tese, apesar das cautelas resultantes do facto de, como veremos, se verificar um desequilíbrio de forças global que poderá comprometer a evolução da Comunidade no futuro.

ção do TPI; (v) o estabelecer de um paralelismo entre a resistência dos Estados africanos à jurisdição do TPI e outros elementos considerados «ocidentais» que estão na origem da oposição do continente a instrumentos internacionais que privilegiem uma amplitude universal – como a Carta Africana dos Direitos Humanos e dos Povos ou o processo de reforma do Conselho de Segurança das Nações Unidas – deitando ainda um olhar às concepções ideológicas que justificam o universalismo ético e o relativismo cultural.

A escolha do tema em apreço é justificada com o critério da actualidade, tratando-se de um assunto alvo de constantes debates nos planos político e doutrinário, cuja abordagem, apesar de dinâmica e mutável, exige uma análise que identifique as posições em conflito, sem afastar a possibilidade de posteriores avaliações.

Em segundo lugar, desde a entrada em funcionamento do TPI, os Estados africanos têm sido os «clientes exclusivos» desta instituição jurisdicional, num fenómeno que poderá causar estranheza – dado o carácter tendencialmente universal do Tribunal e o número considerável de Estados partes – e reacções antagónicas nos vários actores do continente, importando, por isso, identificar e avaliar o desenvolver das diferentes dinâmicas locais e de que forma estas afectam a aplicação do Estatuto de Roma.

Finalmente, em virtude de vigorarem na esmagadora maioria dos países africanos princípios e valores culturais distintos daqueles perfilhados pelos países ocidentais, bem como dos laços históricos e da conjuntura geopolítica de um passado recente, urge a necessidade de avaliar de que forma o TPI ilustra mais um exemplo de «concepção externa» alvo da resistência dos Estados africanos, sobretudo quando estes são confrontados com mecanismos alternativos de protecção de Direitos Humanos.

Neste quadro, de acordo com as concepções do método hipotético-dedutivo, e tendo em vista o desenvolvimento do presente trabalho, importa colocar a seguinte Questão Central (QC): Podemos falar, efectivamente, de «TPI em África»?

Em conformidade com a problemática central, são colocadas as seguintes Questões Derivadas (QD):

QD1 – O Direito Internacional tem condições para garantir a protecção das vítimas de violações de Direitos Humanos, na actualidade?

QD2 – Está a Comunidade Internacional a caminhar para um verdadeiro conceito de «comunidade» ou tenderá a seguir o rumo de «sociedade»?

2. As Origens da Justiça Internacional

> «*If you are neutral in situations of injustice, you have chosen the side of the oppressor. If an elephant has its foot on the tail of a mouse and you say that you are neutral, the mouse will not appreciate your neutrality.*»[5]

Os registos do aparecimento de uma prática concertada entre vários Estados tendo em vista a realização de acções que permitam concluir pelos primeiros sinais de um tribunal internacional, ou na precipitação do surgimento de legislação penal comum a mais do que um Estado, não são consensuais entre a doutrina.

De facto, autores como GEORG SCHWARZENBERGER defendem que a criação do primeiro tribunal penal internacional *ad hoc* data de 1474, para o qual foi convocado um colectivo de 28 juízes da Alsácia, Áustria, Renânia e Suíça, tendo em vista a realização do julgamento de PETER VON HAGENBACH, na cidade alemã de Breisach[6].

---

[5] DESMOND TUTU.
[6] Embora o autor refira que este julgamento é especialmente marcante por se focar num dos aspectos mais controversos dos julgamentos por crimes de guerra pós-II Guerra Mundial – o cumprimento de ordens superiores –, questiona-se se o julgamento de PETER VON HAGENBACH terá sido, de facto, realizado por um tribunal internacional ou, antes, por um tribunal confederal, dado que o colectivo de juízes era originário de Estados que integravam o Sacro Império Romano-Germânico. Cfr. GEORG SCHWARZENBERGER, «Breisach Revisited – The Hagenbach Trial of 1474», *Grotian Society Papers – Studies in the*

Todavia, inclinamo-nos a considerar que as verdadeiras origens do Direito Internacional Penal *stricto sensu* surgiram mais tarde, no século XVII, com a expansão do fenómeno da pirataria marítima[7] e a necessidade de combatê-la através do julgamento dos seus agentes pela prática de um acto que considera os seus autores «inimigos da espécie humana» ao limitar o princípio da liberdade dos mares. Assim, surgiu a necessidade de os Estados se unirem para encontrarem soluções visando o combate à cultura de impunidade para um acto que constituía uma ameaça à paz e à segurança mundial.

Com o avançar dos tempos, a preocupação dos Estados estendeu-se para lá da pirataria, abrangendo outras categorias de actos, nomeadamente aqueles que atentassem contra a segurança do ser humano, suscitando na Comunidade Internacional a necessidade de estabelecer um Tribunal permanente com o intuito de combater a impunidade daqueles que prevaricassem contra bens jurídicos essenciais e beneficiassem de mecanismos de protecção dos respectivos Estados de origem[8].

---

history of the law of nations, Haia, C. H. Alexandrowicz (Edição de Autor), 1968, pp. 46-51; WLADIMIR BRITO, «Processo Penal Internacional», *Que Futuro Para o Direito Processual Penal – Simpósio em Homenagem a Jorge de Figueiredo Dias, por ocasião dos 20 anos do Código de Processo Penal Português*, Coimbra Editora, 2009, p. 208.

[7] Atendendo ao facto de que a pirataria constituía uma ameaça permanente sobre pessoas e bens transportados por mar e, consequentemente, para a segurança económica dos Estados, esta actividade assumiu-se como o primeiro crime reconhecido universalmente enquanto tal, tornando-se na primeira excepção ao princípio da territorialidade dos Estados ao ser reconhecido a qualquer Estado o direito de deter e julgar piratas, independentemente da sua nacionalidade e do local da prática do facto. Cfr. BARTRAM S. BROWN, «The Evolving Concept of Universal Jurisdiction», *SelectedWorks*, 2001. http://works.bepress.com/cgi/viewcontent.cgi?article=1004&context=bartram_brown, p. 384; EDUARDO CORREIA BAPTISTA, *Ius Cogens em Direito Internacional*, Lisboa, Lex, 1997, p. 179. ANTONIO CASSESE, *International Criminal Law*, Nova Iorque, Oxford University Press, 2003, p. 16, alega que o crime de pirataria perdeu força, tornando-se obsoleto, tese com que discordamos dado que a pirataria marítima é um fenómeno não só actual no mundo inteiro – com prevalência no Corno de África e no sudeste asiático – como tem vindo a crescer de ano para ano. Cfr. «2009 Worldwide piracy figures surpass 400», *ICC Commercial Crime Services*, 14 de Janeiro de 2010. http://www.icc-ccs.org/news/385-2009-worldwide-piracy-figures-surpass-400.

[8] Importa recordar que «os tratados de Vestefália [celebrados em 1648] reconhecem o princípio da soberania como princípio da independência dos Estados europeus entre si e

Aqui, o princípio da territorialidade assumiu importância estratégica para o exercício da soberania estatal, enquanto elemento delimitador da área sobre a qual cada Estado teria competência para aplicar a lei penal respectiva[9]. Esta realidade viria a ser alvo de modificações supervenientes, como resultado da tendência de ampliação da jurisdição dos Estados para actos praticados em territórios nos quais fossem intervenientes indivíduos nacionais, na qualidade de agentes ou vítimas[10].

A tendência evidenciada pelos Estados de aumento da sua jurisdição para outros territórios viria a conhecer modificações, passando a admitir-se que o exercício do poder não visasse apenas os casos em que estivessem envolvidos os seus nacionais, antes incluísse os crimes que um número significativo de Estados tivesse interesse em combater, por atentarem contra interesses comuns à Humanidade, independentemente da nacionalidade do agente e do local da prática do facto[11].

Ao longo do século XVIII, as revoluções americana (1776) e francesa (1789) marcam a entrada do Direito Internacional num novo paradigma: o movimento revolucionário dos Estados Unidos, por significar a inte-

---

de exclusão de qualquer poder que lhes seja superior» (JORGE MIRANDA, *Curso de Direito Internacional Público*, Cascais, Principia, 2006, p. 12), sendo «considerados como o ponto de partida de toda a evolução do direito internacional contemporâneo» (cfr. NGUYEN QUOC DINH, PATRICK DAILLIER, ALAIN PELLET, *Direito Internacional Público*, Lisboa, Fundação Calouste Gulbenkian, 2003, 2ª edição, p. 53).

[9] Neste sentido, cfr. ANTONIO CASSESE, op. cit., p. 37.
Ainda hoje a nossa jurisprudência reconhece no princípio da territorialidade «o ponto de conexão básico do direito penal internacional, porque os limites do território costumam coincidir com os princípios de soberania, independência e igualdade dos Estados soberanos». Parecer do Conselho Consultivo da Procuradoria Geral da República, de 21 de Dezembro de 1999 (Parecer nº P000751999), relatado por ISABEL PAIS MARTINS, disponível em http://www.dgsi.pt/ (http://www.dgsi.pt/pgrp.nsf/7fc0bd52c6f5cd5a802568c0003fb410/306910e39e0710948025681f005f07af?OpenDocument&Highlight=0,P000751999).

[10] Sobre a importância do território para o exercício de jurisdição dos Estados sobre o povo e o desenvolvimento dessa competência no espaço, ver JOSÉ MANUEL PUREZA, «Da cultura da impunidade à judicialização global: o Tribunal Penal Internacional», *Revista Crítica de Ciências Sociais*, nº 60, Outubro de 2001, pp. 124-126. http://www.ces.uc.pt/rccs/includes/download.php?id=761.

[11] Nesta realidade incluíram-se, essencialmente, actos passíveis de gerar prejuízos económicos para os Estados, nos quais se inclui a já referida pirataria.

gração do primeiro Estado não europeu no grupo restrito de Estados reconhecidos como sujeitos de Direito Internacional; a revolução de França, por ilustrar a ascensão popular sobre a classe alta, avocando para si o exercício da soberania em prejuízo do monarca[12].

Esta época, por determinar que «o Direito Internacional não é o Direito das relações entre os soberanos, mas o Direito das relações entre os povos»[13] viria a influenciar a visão dos Estados no que respeita aos interesses comuns merecíveis de tutela, surgindo a necessidade de proteger não apenas o Estado, mas também o indivíduo[14].

Todavia, a protecção jurídica dada ao indivíduo desde os finais do século XVIII circunscreveu-se, mormente, a tentativas de humanização do *jus ad bellum* (direito da guerra), sobretudo após a Batalha de Solferino, de 24 de Junho de 1859 – travada pelas forças aliadas da França e da Sardenha contra o exército austríaco –, cujo cenário de horror em que se desenrolou – com vários soldados feridos e moribundos deixados à sua sorte – inspirou JEAN HENRY DUNANT a iniciar uma campanha de auxílio aos soldados feridos em campanha[15], a qual, em 1863, daria origem à criação do Comité Internacional da Cruz Vermelha (CICV)[16].

Mais tarde, em 1872, e complementando os esforços de DUNANT, GUSTAVE MOYNIER, Presidente do CICV, propôs a criação de um tribunal internacional permanente para prevenir e punir as violações à Convenção de Genebra, de 1864, que visava garantir a protecção de militares feridos em campanha[17].

---

[12] Cfr. JORGE MIRANDA, op. cit., p. 13.

[13] Cfr. JORGE MIRANDA, op. cit., p. 13.

[14] Entre outros, destaca-se a escravatura, cuja proibição constitui princípio de *ius cogens*. Cfr. JORGE MIRANDA, op. cit., p. 127.

[15] Cfr. «1859 Batalha de Solferino», *Cruz Vermelha Portuguesa*, s.d.. http://www.cruzvermelha.pt/ movimento/direito-int-humanitario/476-1859-batalha-de-solferino.html.

[16] Cfr. «Comité Internacional da Cruz Vermelha», *Cruz Vermelha Portuguesa*, s.d.. http:// www.cruzvermelha.pt/movimento/580-comite-internacional-da-cruz-vermelha.html.

[17] Pretendia-se com este tribunal forçar os Estados ao cumprimento da Convenção de Genebra, de 1864, na esperança que o estabelecimento de um órgão jurisdicional supra-estadual tivesse um efeito dissuasor sobre as partes na Convenção que manifestavam relutância no seu cumprimento. O projecto não seria bem acolhido pelos Estados, acabando mesmo por ser recusado por, entre outros aspectos, prever o pagamento dos custos do tribunal pelos Estados beligerantes e não pela Comunidade Internacional no seu todo.

Apesar de se seguirem a esta proposta várias tentativas de travar o ímpeto beligerante dos Estados – iniciativas estas entendidas como os primeiros traços do Direito Internacional Humanitário[18] –, tal seria insuficiente para impedir que eclodissem novos confrontos armados e perdas humanas a um ritmo significativo[19]. Aqui, os excessos cometidos durante a I Guerra Mundial influenciaram significativamente a tomada de consciência da Comunidade Internacional para a necessidade de criação de um Tribunal Penal Internacional que julgasse as potências centrais pelas atrocidades praticadas durante o referido período[20].

Neste quadro, a celebração do Tratado de Versalhes, em 1919, assume um valor inigualável, na medida em que (i) admitiu o estabelecimento de um tribunal penal internacional *ad hoc*[21]; (ii) impôs duras sanções à Alemanha, a principal responsável pelo início da guerra[22]; e (iii) preci-

---

[18] Designadamente as tentativas de criação de um Código Penal Internacional e de um tribunal permanente através das Convenções de Haia de 1899 e 1907 (Convenções para a Solução Pacífica dos Conflitos Internacionais).

[19] Além da I Guerra Mundial, destaca-se ainda o massacre do Império Otomano na Arménia, em 1915, num genocídio que terá provocado mais de 600.000 mortos e foi alvo da censura dos governos francês, britânico e russo, que exigiram a responsabilização dos perpetradores de tais actos.

[20] Nomeadamente, a Alemanha, o Império Austro-Húngaro, a Bulgária e a Turquia.

[21] O Tratado de Versalhes, nos artigos 227º-229º, previa (i) a criação de um tribunal para julgar GUILHERME II, Imperador da Alemanha, por «ofensa suprema contra a moral internacional e contra a autoridade sagrada dos tratados», (ii) bem como outros oficiais que fossem autores de actos contrários às leis e costumes de guerra e ainda (iii) «os autores de actos contra os nacionais duma das Potências Aliadas e Associadas pelos tribunais militares dessa Potência», assumindo-se, deste modo, o princípio da nacionalidade passiva. Cfr. JOSÉ ALBERTO AZEREDO LOPES, *Textos Históricos do Direito e das Relações Internacionais*, Porto, Universidade Católica Portuguesa, 1999, pp. 257-258.

[22] As sanções aplicadas à Alemanha seriam consideradas excessivas pelos alemães e pelos próprios Estados parte no Tratado, tendo emergido um sentimento de revolta que influenciaria a ascensão de Hitler ao poder e, consequentemente, precipitaria a campanha que desencadeou a II Guerra Mundial. Para as consequências da celebração deste tratado, ver FILIPE RIBEIRO MENESES, «História dos grandes tratados europeus: O Tratado de Versalhes (1919)», *Janus 2008*, 2008. http://www.janusonline.pt/2008/2008_2_7.html.

pitou a constituição da Sociedade das Nações[23], projecto fracassado que antecedeu a criação da Organização das Nações Unidas.

O Tratado de Versalhes destacou-se, igualmente, por iniciar uma nova era no Direito Internacional, ao (i) associar o ideal de autodeterminação dos povos ao conceito de paz mundial, muito por força dos célebres «14 pontos» do Presidente norte-americano WOODROW WILSON[24]; (ii) inspirar a tendência de abandono do entendimento de que os actos do Chefe de Estado são actos do Estado, passando então a responsabilizar-se o indivíduo, independentemente da qualidade do cargo que exerça[25]; e (iii) reforçar a necessidade de criação de tribunais supranacionais para julgar questões relativas à violação de Direito Internacional

---

[23] A Sociedade das Nações viria a criar o Tribunal Permanente de Justiça Internacional, em 1922, em Haia, sendo este o primeiro tribunal permanente de jurisdição universal com competência para a resolução de conflitos entre Estados, não se tratando de um Tribunal com competências penais. Seria oficialmente extinto em 1946, após a criação da ONU, e substituído pelo ora designado Tribunal Internacional de Justiça. Cfr. «Publications of the Permanent Court of International Justice», *International Court of Justice*, s.d.. http://www.icj-cij.org/pcij/index.php?pl=9.

[24] O discurso dos «14 pontos», proferido a 8 de Janeiro de 1918, constituiu a pedra basilar das conversações que resultariam na rendição da Alemanha. Cfr. «President Wilson's Fourteen Points», *The World War I Document Archive*, s.d.. http://wwi.lib.byu.edu/index.php/President_Wilson%27s_Fourteen_Points; JORGE MIRANDA, op. cit., pp. 14-15; PAULA ESCARAMEIA, «O que é a Autodeterminação? – Análise Crítica do Conceito na sua Aplicação ao Caso de Timor», *O Direito Internacional Público nos Princípios do Século XXI*, Coimbra, Almedina, 2009, reimpressão da edição Setembro/2003, pp. 131-134.

[25] Esta tendência para total ausência de imunidades viria a consolidar-se posteriormente, nomeadamente através das Convenções de Genebra de 1949 (artigos 50º da 1ª Convenção, 51º da 2ª Convenção, 130º da 3ª Convenção, 147º da 4ª Convenção) e respectivos Protocolos Adicionais de 1977 (arts. 11º e 85º nº 3 do Protocolo I), da Convenção sobre Prevenção e Punição do Crime de Genocídio de 1948 (art. 4º), da Convenção sobre Tortura e Outros Tratamentos ou Penas Cruéis, Desumanos ou Degradantes de 1984 (art. 41º) e os Estatutos dos tribunais *ad hoc* para a ex-Jugoslávia e para o Ruanda de 1993 e 1994 (art. 7º nº 2 do primeiro e art. 6º nº 2 do segundo). O Estatuto de Roma, que cria o TPI, prevê, no art. 27º, a «irrelevância da qualidade oficial», facto entendido pela doutrina como «uma protecção decididamente reforçada pela ausência de quaisquer imunidades baseadas na qualidade oficial do autor dos crimes em causa». Cfr. PAULA ESCARAMEIA, «Prelúdios de uma nova ordem Mundial: o Tribunal Penal Internacional», *O Direito Internacional...*, pp. 232-233.

Humanitário, por se questionar a vontade e a capacidade dos tribunais nacionais para este efeito[26].

Contudo, os principais contributos do Tratado de Versalhes para o Direito Internacional Humanitário resultam do facto de este documento ilustrar a tendência de ruptura com a primazia da soberania absoluta dos Estados – ao admitirem-se intervenções de cariz político na ordem interna dos Estados, se as mesmas tiverem como base a protecção dos Direitos Humanos –, ao mesmo tempo que reforça a emergência do indivíduo enquanto sujeito de Direito Internacional, abandonando a sua anterior condição de mero objecto, e deixando de ser encarado como uma questão exclusivamente de direito interno dos Estados.

2.1. O pós-II Guerra Mundial

Em 1945, a Comunidade Internacional teria, com o terminar da II Guerra Mundial, uma nova oportunidade para materializar as suas intenções de sancionar, exemplarmente, as *delicta iuris gentium*, ao criar o Tribunal Militar Internacional de Nuremberga para julgar crimes contra a paz, crimes de guerra e crimes contra a humanidade praticados por criminosos de guerra nazis[27].

No ano seguinte, uma Declaração do GENERAL MACARTHUR[28] daria origem à criação do Tribunal de Tóquio, com o objectivo de julgar a par-

---

[26] A Alemanha não consentiu a extradição dos seus nacionais, posição igualmente assumida pela Neerlândia, relativamente a Guilherme II, entretanto exilado em território holandês, por entender que as acusações dirigidas ao imperador alemão eram de inspiração política e não jurídica. A estes factores acresceu a descredibilização do tribunal por assentar a sua génese num tratado aceite por um número bastante reduzido de Estados, resultando na transferência de competências para realização dos julgamentos dos arguidos ao Tribunal de Leipzig, o que se revelou um fracasso, pois que, em dois anos, apenas 12 haviam sido julgados, seis dos quais absolvidos. Cfr. DIOGO FEIO, «Jurisdição Penal Internacional: a sua evolução», in *Nação e Defesa*, nº 97, Primavera 2001, pp-149-179.

[27] O Tribunal Militar Internacional de Nuremberga seria estabelecido no seguimento da celebração do Acordo de Londres, em 8 de Agosto de 1945, para julgar «criminosos de guerra cujos crimes não tenham uma localização geográfica particulares, quer sejam acusados a título individual quer na sua qualidade de membros de organizações ou grupos, ou em ambas as qualidades». Cfr. JOSÉ ALBERTO AZEREDO LOPES, op. cit., pág. 496.

[28] Que na altura exercia o cargo de Chefe Supremo das forças aliadas no Extremo Oriente.

ticipação dos líderes japoneses na II Grande Guerra, pelos mesmos crimes previstos para Nuremberga, embora o carácter militar sobressaísse mais naquele do que neste, não só por não decorrer de um acordo de vontades dos Estados, como pela «robustez» com que foram realizados os julgamentos, ignorando direitos básicos aos arguidos[29].

Neste quadro, os tribunais de Nuremberga e Tóquio marcaram uma nova era no Direito Internacional Penal e Humanitário, sublinhando-se:

- A reiterada tendência, uma vez mais, para a rejeição das imunidades aos mais altos quadros dos Estados alemão e japonês[30], bem como a concentração da acção dos tribunais penais apenas nesta qualidade de funcionários, reservando o julgamento de criminosos menos proeminentes aos tribunais nacionais;
- A evolução no conceito de responsabilidade penal internacional do indivíduo, responsabilizando-se, não só os autores morais, como também os materiais, numa tentativa (consumada) de incluir, nesta última categoria, personalidades que ocupassem cargos de liderança e altas patentes militares;
- A justiça manifestamente selectiva e parcial, fundada com base em critérios políticos, na medida em que, além da nomeação do colectivo de juízes e da produção de prova terem ficado a cargo dos vencedores, apenas os vencidos viriam a ser julgados, factores que colocaram em causa a credibilidade de um tribunal que se pretendia exemplar e com carácter dissuasor no que à violação de Direitos Humanos diz respeito[31];
- A intenção de positivar os principais crimes que constituem uma violação grosseira aos mais altos valores protegidos pelo Direito

---

[29] Cfr. DIOGO FEIO, op. cit., pp. 167-168.
[30] Cfr. NGUYEN QUOC DINH, PATRICK DAILLIER, ALAIN PELLET, op. cit., p. 711.
[31] Tudo isto apesar da previsão de regras e princípios processuais penais, na Carta do Tribunal Militar Internacional, com vista a garantir um julgamento justo aos arguidos. Cfr. WLADIMIR BRITO, op. cit., pp. 222-229.

Internacional[32], os quais permaneceram «como núcleo de todos os desenvolvimentos normativos posteriores»[33-34].

Neste sentido, o processo de codificação de 1945 daria um contributo significativo tendo em vista a adopção de importantes documentos que reconheceriam a importância do Direito Humanitário num plano cada vez mais universal e normativado[35], sendo disso exemplo a celebração da Convenção sobre Prevenção e Punição do Crime de Genocídio, de 1948, a 4ª Convenção de Genebra, de 1949, sobre Direito Humanitário, a produção do primeiro projecto de Código de Crimes Contra a Paz e Segurança da Humanidade, de 1954, Convenção sobre a Imprescritibilidade dos Crimes de Guerra e dos Crimes contra a Humanidade, de 1968, e a Convenção sobre o Crime de Apartheid, de 1973.

---

[32] O texto da Carta de Londres, no seu art. 6º, tipificava os três crimes já condenados pela Comunidade Internacional, por via do costume, e para os quais seria competente o Tribunal de Nuremberga. Estes crimes seriam reproduzidos no artigo 5º da Carta do Tribunal Internacional Militar para o Extremo Oriente, que criou o Tribunal de Tóquio.

[33] Cfr. JOSÉ MANUEL PUREZA, op. cit., pág. 127.

[34] JORGE BACELAR GOUVEIA identifica cinco fases diferenciadas da evolução dos crimes internacionais, após a II Guerra Mundial, identificando (i) uma primeira, durante a qual se verifica um processo criativo, essencialmente costumeiro, de alguns crimes internacionais, no qual se admite o julgamento dos prevaricadores pelos tribunais nacionais – tendemos a discordar da sua inclusão na categoria de afirmações subsequentes à II Guerra Mundial, considerando-a antes como precedente por caracterizar a abordagem da Comunidade Internacional aos crimes internacionais, pós-Vestefália –; (ii) a segunda fase, corresponde a uma «afirmação circunstancial, substantiva e processual», que culminou com o estabelecimento dos tribunais de Nuremberga e Tóquio e, simultaneamente, com a positivação de alguns crimes internacionais; (iii) a terceira, de «afirmação substantiva e geral», resulta na celebração de tratados respeitantes a crimes internacionais; (iv) a quarta, de «afirmação processual efectiva e pontual», tem como corolários a criação de tribunais penais internacionais *ad hoc* para o Ruanda e para a ex-Jugoslávia; (v) a quinta, de «afirmação global, substantiva e processual», de que resulta a celebração do Estatuto de Roma e a consequente constituição do Tribunal Penal Internacional de Haia. Cfr. JORGE BACELAR GOUVEIA, «Nem Sempre os Fins Justificam os Meios: o Tribunal Penal Internacional e a Constituição Portuguesa», *Faculdade de Direito da Universidade Nova de Lisboa*, pp. 8-12. http://www.fd.unl.pt/docentes_docs/ma/jbg_MA_2612.doc.

[35] Cfr. JORGE BACELAR GOUVEIA, op. cit., pp. 9-10.

2.2. Os Tribunais *ad hoc*

Apesar da dinâmica legislativa a que se assistiu nos anos subsequentes à criação dos tribunais de Nuremberga e Tóquio, a *realpolitik* continuava a assumir carácter imperativo sobre a protecção dos Direitos Humanos, assistindo-se, desde finais dos anos 40 e do princípio da Guerra Fria, a mais de três décadas de impunidade de agentes que prevaricaram contra a espécie humana[36].

Todavia, esta tendência viria a ser alterada na primeira metade da década de 1990, com o fim da Guerra Fria, dando-se o regresso ao modelo de tribunais penais internacionais *ad hoc* para julgar as *delicta juris gentium* cometidas na ex-Jugoslávia e no Ruanda, que provocaram a morte a milhares de seres humanos[37], actos estes potenciados pelo ódio étnico[38].

A criação destes tribunais constitui uma inovação para o Direito Internacional Penal, na medida em que:

- A constituição dos referidos tribunais penais internacionais *ad hoc* dá-se, não por acordo entre os vencedores, ou por declarações unilaterais de personalidades, mas em sede de Conselho de Segurança das Nações Unidas, motivo este suficiente para que a legitimidade internacional dos tribunais fosse questionada[39];

---

[36] Entre outros, estes serão os casos dos intervenientes na Guerra do Vietname e do Golfo, bem como dos responsáveis pela violação de Direitos Humanos em Cuba, no Chile, na Argentina e na África do Sul.

[37] Algumas estimativas referem que a guerra na ex-Jugoslávia provocou mais de 150.000 mortos, desde 1991, e o Governo ruandês de etnia *hutu* massacrou perto de um milhão de *tutsis*, em 1994.

[38] Há ainda que considerar as violações de Direitos Humanos na Serra Leoa, desde 1996, durante a Guerra Civil da Serra Leoa, que levaram à constituição do Tribunal Especial para a Serra Leoa (TESL), uma instituição judiciária internacional que se distingue das duas estabelecidas na década de 1990, essencialmente, (i) por emanar da celebração de um tratado entre a ONU e a Serra Leoa, (ii) pelo facto de ser composto por um misto de serra-leoneses e estrangeiros e (iii) por aplicar a lei interna da Serra Leoa. Para mais sobre o TESL, ver TOM PERRIELLO, MARIEKE WIERDA, «The Special Court for Sierra Leone Under Scrutiny», *International Center for Transitional Justice*, Março 2006. http://www.ictj.org/static/ Prosecutions/Sierra.study.pdf.

[39] Este argumento foi invocado, entre outros, por DUSKO TADIC, no TPI para a ex-Jugoslávia. Cfr. Decision on the Defence Motion for Interlocutory Appeal on Jurisdiction, de

- A criação de órgãos jurisdicionais supranacionais ocorre, não apenas por serem cometidas violações ao Direito Internacional Penal, mas também por tais situações constituírem «uma ameaça à paz e segurança internacionais»[40], ilustrando o incremento do valor reconhecido aos Direitos Humanos e recuperando a expressão constante do Capítulo VII (art. 39º) da Carta das Nações Unidas, como forma de justificar a acção do Conselho de Segurança;
- A valoração dada aos tribunais penais internacionais transcende a mera punição daqueles que atentem contra o Direito Internacional, passando a constituir um instrumento fundamental «para a restauração e manutenção da paz»[41];
- O TPI para o Ruanda marca o primeiro pedido formal de um Estado à intervenção de um tribunal internacional no seu território[42];
- O carácter concorrencial entre os tribunais internacionais e nacionais, embora com primazia para os primeiros, em detrimento da complementaridade de Nuremberga e Tóquio[43];
- A afirmação definitiva da personalidade jurídica internacional do indivíduo, consolidando a qualidade de sujeito imediato de Direito

---

2 de Outubro de 1995, relatado por DOROTHEE DE SAMPAYO GARRIDO-NIJGH, disponível em http://www.iilj.org (http://www.iilj.org/courses/documents/Prosecutorv.Tadic.pdf).
[40] Cfr. Resolução do Conselho de Segurança das Nações Unidas nº 808 (1993), de 22 de Fevereiro de 1993. http://www.un.org/Docs/scres/1993/scres93.htm; Resolução do Conselho de Segurança das Nações Unidas nº 955 (1994), de 8 de Novembro de 1994. http://www.un.org/Docs/scres/1994/scres94.htm.
[41] Cfr. oitavo e sétimo parágrafos dos documentos referidos na nota anterior, respectivamente.
[42] Pese embora tivesse votado contra a Resolução 955 (1994), por discordar da aplicação de determinados preceitos, entre eles a proibição de pena de morte, o Governo ruandês reiterou o seu apoio ao tribunal. Para mais sobre este tema, ver DAPHNA SHRAGA; RALPH ZACKLIN, «The International Tribunal for Rwanda», *European Journal of International Law* – Vol. 7 – nº 4, 1996. http://www.ejil.org/issue.php? issue=58.
[43] Ainda que alguns indivíduos fossem julgados pelos tribunais nacionais, nos quais os tribunais internacionais tenderiam a não interferir, seriam os últimos a realizar os julgamentos das principais personalidades.

Internacional[44], depois dos exemplos dos tribunais pós-II Guerra Mundial[45];
- Ao contrário dos julgamentos de Nuremberga e Tóquio, assiste-se a um reforço dos direitos do arguido, admitindo-se recurso das sentenças e são definidos limites às penas – em particular a prisão perpétua –, num claro reconhecimento da inviolabilidade da vida Humana enquanto direito fundamental.

2.3. O Tribunal Penal Internacional

Os acontecimentos que potenciaram o estabelecimento dos tribunais *ad hoc* do início da década de 1990 viriam a impulsionar, em larga medida, a concretização do ideal de criação de um tribunal permanente ambicionado desde a celebração das Convenções de Genebra, em 1949, o qual, só após «negociações muito demoradas» e «particularmente difíceis»[46], seria materializado na aprovação[47], a 17 de Julho de 1998, do Estatuto de Roma (ER), tratado constituinte do Tribunal Penal Internacional (TPI)[48], que entrou em vigor a 1 de Julho de 2002.

---

[44] Ideia patente em M. CHERIF BASSIOUNI, *Introduction au Droit Pénal International*, Bélgica, Bruylant, 2002, pp. 41-43.

[45] Nestes tribunais, verificava-se uma tendência para responsabilizar os indivíduos enquanto membros de organizações – neste caso «oficiais alemães e membros do Partido Nazi» – e não apenas a mero título individual. Cfr. JOSÉ ALBERTO AZEREDO LOPES, op. cit., pp. 496.

[46] PAULA ESCARAMEIA, que integrou a delegação de Portugal às negociações para a criação de um Tribunal Penal Internacional, refere que a dificuldade nas negociações resulta de «alguns problemas de carácter técnico e muitos de carácter político» e ainda pelo facto de terem decorrido «num período de transição entre modelos concepto-institucionais do Direito Internacional». Cfr. PAULA ESCARAMEIA, op. cit., pp. 225-232.

[47] O Estatuto de Roma seria aprovado na Conferência Diplomática de Roma, a 17 de Julho de 1998, com 120 votos favoráveis, 21 abstenções e 7 votos contra, entre os quais Estados Unidos, China e Israel. Embora autores como JOSÉ MANUEL PUREZA (op. cit., pp. 127-128) refiram que os restantes quatro votos negativos pertenceram a Índia, Filipinas, Turquia e Sri Lanka, razão deverá ser atribuída aos que atribuem estes mesmos votos a Iraque, Líbia, Iémen e Qatar. Neste sentido se pronuncia PAULA ESCARAMEIA, op. cit., p. 230.

[48] Na verdade, o processo de criação do TPI partiu de uma proposta de Trindade e Tobago, em 1989, em sede de Assembleia Geral da ONU (Resolução 44/39), embora este impulso se devesse à tentativa de constituir um tribunal para julgar o crime de tráfico internacional de drogas, que não veio, todavia, a integrar a tipologia de crimes prevista

De acordo com o art. 5º do ER, o TPI tem competência para julgar crimes de genocídio[49], crimes contra a humanidade[50], crimes de guerra[51] e crimes de agressão[52], aos quais cumpre aplicar sanções punitivas de dois tipos: as privativas de liberdade, através da «pena de prisão por um número determinado de anos, até ao limite máximo de 30» (art. 77º,

no Estatuto de Roma. Contudo, seriam os acontecimentos na ex-Jugoslávia e no Ruanda que agilizariam e seriam determinantes para a constituição do TPI. Cfr. PAULA ESCARAMEIA, op. cit., pp. 225, 226 e 230.

[49] Art. 5º, al. a) e 6º do ER, cuja redacção é uma transcrição da definição constante da Convenção sobre Prevenção e Punição do Crime de Genocídio, de 1948.

[50] Art. 5º, al. b) e 7º do ER, sendo fundamental referir, no que a este último preceito diz respeito, o papel da delegação de Portugal para incluir crimes de violência sexual e o crime de desaparecimento de pessoas na tipologia de crimes contra a humanidade. Cfr. PAULA ESCARAMEIA, op. cit., p. 226.

[51] Previsto nos art. 5º, al. c) e 8º do ER, a definição de crimes de guerra foi, de acordo com Paula Escarameia, aquele que provocou maior controvérsia, tendo sido excluído do âmbito de aplicação destes artigos o uso de armas nucleares, armas laser e minas anti-pessoais. Cfr. PAULA ESCARAMEIA, op. cit., pp. 226-227.

[52] Art. 5º, al. d) do ER. O processo de definição dos elementos do tipo de crime de agressão estava paralisado por força da pressão exercida pelo Conselho de Segurança, que pretendia manter o exclusivo da qualificação das situações que se integram neste tipo de crime. Após a realização da Cimeira de Estados Partes de Campala – entre 31 de Maio e 11 de Junho de 2010 – estes chegaram a consenso e, além de eliminarem o nº 2, do art. 5º, do Estatuto, acrescentaram-lhe três novos artigos: o 8º *bis*, o 15º *bis* e o 15º *ter*. O primeiro inspira-se na Resolução da Assembleia-Geral da ONU 3314 (XXIX) de 14 de Dezembro de 1974 para delimitar os elementos do tipo de crime de agressão. Os restantes identificam os requisitos que devem estar preenchidos para que o TPI exerça a sua jurisdição sobre este tipo de crime. Cfr. Resolução RC/Res.6, International Criminal Court. http://www.icc-cpi.int/iccdocs/asp_docs/Resolutions/RC-Res.6-ENG.pdf.
Apesar de esta iniciativa parecer tratar-se de uma vitória para o Direito Internacional, tal não passa de uma ilusão, dado que: (i) a sua entrada em vigor foi adiada para depois de 1 de Janeiro de 2017 e apenas se, pelo menos dois terços dos Estados partes votarem nesse sentido; (ii) o art. 15º *bis*, nº 5, admite, expressamente, que o Tribunal não pode exercer a sua jurisdição sobre um Estado que não seja parte – excepção esta criada a pensar em Estados como os Estados Unidos e Israel, sucessivamente acusados de agressão a outros Estados –; e (iii) o art. 15º *bis*, nº 4 permite que um Estado parte formule reservas e afaste a jurisdição do TPI sobre o crime de agressão, durante, pelo menos, 3 anos, pelo que, se todos os Estados – ou, pelo menos, aqueles que estão localizados em regiões de conflito – optarem por afastar a aplicação deste crime, a sua vigência estará seriamente comprometida, podendo cair em desuso.

nº 1, al. a)) ou pena de prisão perpétua (art. 77º, nº 1, al. b)); ou, acessoriamente, pena de multa (art. 77º, nº 2, al. a)) ou «perda de produtos, bens e haveres provenientes, directa ou indirectamente, do crime» (art. 77º, nº 2, al. b)).

O TPI diferencia-se dos tribunais penais internacionais anteriores por se tratar de um tribunal de carácter permanente[53], dotado de competência geográfica ampla com pendor tendencialmente universal[54], que goza de independência relativa[55] e de competência *ratione temporis* limitada aos crimes cometidos após a entrada em vigor do tratado[56], sublinhando-se ainda a imprescritibilidade dos crimes que avalia[57].

Este tribunal destaca-se ainda por (i) sustentar a sua acção noutros dois textos normativos – como as «Regras de Processo e Prova» e os «Ele-

---

[53] Independentemente do sistema de mandatos atribuído aos juízes que integram os vários órgãos do TPI, a estrutura organizacional do Tribunal de Haia permanece intacta e operacional, alheia a eventuais e diferentes violações ao Direito Internacional Humanitário.

[54] À luz do art. 12º do ER, a jurisdição do TPI circunscreve-se aos Estados que sejam partes do Estatuto (nº 1 e 2), ou, não o sendo, aceitem a competência do Tribunal (nº 2 e 3). Tais disposições, embora confiram um carácter amplo à jurisdição do TPI, afastam a sua universalidade. Contudo, a tendencial instrumentalização política do TPI pelo Conselho de Segurança tende a criar excepções ao ER e a reconhecer jurisdição geográfica ilimitada ao Tribunal, em virtude de este órgão poder refirir ao Procurador «qualquer situação em que haja indícios de ter ocorrido a prática de um ou vários desses crimes» (art. 13º, al. b). Ademais, a actuação do TPI pode ainda surgir na consequência de uma denúncia de um Estado Parte ao Procurador (art, 13º, al. a)) ou por iniciativa do próprio Procurador (al. c)).

[55] Ainda que projectado sob o auspício das Nações Unidas – e parcialmente dependente desta organização por dela depender o financiamento do Tribunal (art. 115º, al. b)) e derivado do facto de o Estatuto admitir a influência do Conselho de Segurança –, o ER é regulado pela Convenção de Viena sobre o Direito dos Tratados (1969), pretendendo-se que o TPI assente, não na vontade de um número reduzido de Estados, mas num acordo de vontades amplo, o que se justifica com a previsão de entrada em vigor do ER uma vez reunidas as confirmações de, pelo menos, 60 Estados.

O facto de o artigo 12º remeter tacitamente para a regulação do ER pela Convenção de Viena reforça o critério de aplicação limitada do Estatuto no espaço, o que não é mais do que o reconhecimento do princípio da relatividade das Convenções Internacionais (art. 34º da Convenção de Viena), segundo o qual «um Tratado não cria obrigações nem direitos para um terceiro Estado sem o consentimento deste último».

[56] Cfr. art. 11º do ER.

[57] Cfr. art. 29º do ER.

mentos dos Crimes»[58] –, (ii) ter como elemento característico a complementaridade face aos tribunais nacionais[59] e (iii) cingir a sua acção ao julgamento de indivíduos, primordialmente ligados ao aparelho estatal, num claro reforço da responsabilidade penal internacional do indivíduo e da indiferença da justiça à qualidade oficial que este represente[60].

Todavia, o processo negocial que tornou real uma instituição de tamanha envergadura não foi pacífico, antes «tecnicamente difícil» e «sobretudo, politicamente árduo»[61], tendo como questão fundamental o debate em torno dos Estados que avaliavam como prioritários os Direitos Humanos face à estabilidade dos regimes e aqueles que se opunham a esta ordem.

Outros aspectos fundamentais dizem ainda respeito à (i) obrigatoriedade de cooperação incondicional dos Estados partes do ER com o TPI[62], (ii) à reformulação do conceito de *ius puniendi*, e (iii) aos conflitos entre o ER e as Constituições nacionais, em aspectos como a extra-

---

[58] Cfr. art. 9º do ER. Estes instrumentos podem ser consultados no sítio do TPI na internet, mais concretamente no endereço http://www.icc-cpi.int/Menus/ICC/Legal+Texts+and+Tools/ .

[59] Por forma a não colidir com a soberania dos Estados – cuja relutância em abdicar do *ius puniendi* em favor de uma instituição jurisdicional supranacional sobre a qual não têm controlo poderia comprometer a aprovação e reconhecimento do Tribunal de Haia –, entendeu-se atribuir competência ao TPI apenas nos casos em que os tribunais nacionais não queiram ou não tenham condições para exercer a sua jurisdição. Tal entendimento encontra-se materializado no art. 1º do ER, sendo reforçado pelos artigos 17º, número 1, 20º e 80º. Cfr. WLADIMIR BRITO, *Direito Internacional Público*, Coimbra Editora, 2008, pp. 559-563.

[60] Cfr. arts. 12º, nº 2 – sobre a admissibilidade de um Estado poder não ser parte do ER e os seus nacionais poderem ser julgados pelo TPI por actos cometidos no território de um Estado parte – e 27º do ER – relativamente à irrelevância da qualidade oficial. Conforme sublinha PAULA ESCARAMEIA, «como vários dos crimes em causa só podem efectivar-se com o empenhamento e mesmo iniciativa do Estado (...) o Tribunal passa a ser um órgão com poderes para julgar políticas de governos e regimes, em nome da defesa dos direitos fundamentais de indivíduos e comunidades humanas». Cfr. PAULA ESCARAMEIA, «Quando o mundo das soberanias se transforma no mundo das pessoas: o Estatuto do Tribunal Penal Internacional e as Constituições nacionais», *O Direito Internacional...*, p. 166.

[61] *Ibidem*, pp. 164 e ss.

[62] Cfr. arts. 12º, nº 3, 2ª parte e 89º do ER.

dição de cidadãos nacionais[63], as imunidades de altos funcionários dos Estados[64], a duração das penas, as amnistias decretadas por lei e o reconhecimento de categorias de tribunais além das revistas na respectiva Constituição.

Apesar do contributo significativo dado pelo TPI para o processo de evolução permanente do Direito Internacional Penal e Humanitário, as imperfeições deste modelo são por demais evidentes, denotando-se a eficácia e credibilidade de um Tribunal com vários erros de concepção capazes de comprometer o seu funcionamento.

Neste sentido, e porque as incongruências são da mais variada natureza – política, formal e material – importa assinalar aqueles que são os «onze pecados capitais do TPI», designadamente:

- A vigência do «princípio da justiça selectiva», segundo o qual, apenas alguns casos podem ser investigados pelo TPI[65]. Este critério prejudica, desde logo, o cumprimento do Direito Internacional na sua plenitude, na medida em que alguns casos adquirem maior valoração do que outros com a justificação de se tratarem de casos de mais fácil resolução aparente, constituindo os comummente denominados *double standards* um factor de risco para a credibilidade do Tribunal[66];

---

[63] Problema este comum à maioria dos Estados, alguns dos quais relutantes em entregar os seus nacionais a uma jurisdição internacional.

[64] A garantia de imunidades a altos funcionários no Estado tem vindo a cair em desuso, dada a crescente preocupação dos Estados e da Comunidade Internacional em garantirem a protecção do indivíduo acima da protecção do poder político em exercício. Contudo, muitos Estados africanos continuam a prever imunidades aos seus líderes, entre os quais alguns de expressão de portuguesa. Cfr. PAULA ESCARAMEIA, op. cit., pp. 171-174.

[65] A adopção deste argumento tem sido assumida pelo próprio Procurador do TPI, LUIS MORENO-OCAMPO, que identifica como primeiro critério de escolha a «gravidade dos crimes». Cfr. THOMAZ FAVARO, «Entrevista: Luís Moreno-Ocampo – A lição da Justiça», *VEJA*, – Edição 2070, 23 de Julho de 2008. http://veja.abril.com.br/230708/entrevista.shtml.

[66] Embora o ER admita a aplicação da lei «de forma igual a todas as pessoas» (art. 27º, nº 1), a incapacidade de um Tribunal de tamanha envergadura em assegurar o julgamento de todos os envolvidos – sobretudo pela elevada complexidade dos casos, que poderia perpetuar as investigações, adiando a aplicação da justiça – leva o Procurador a incidir as investigações sobre «aqueles que tenham maior responsabilidade», ressusci-

- A extensão do «princípio da justiça selectiva» não apenas aos crimes, mas também aos indivíduos, ao incidir as investigações sobre um número residual de personalidades – essencialmente, aqueles que exerçam funções de comando. Questiona-se a efectividade da justiça e o seu carácter dissuasor ou pedagógico[67] ao saber-se que os autores materiais dos crimes poderão eximir-se à aplicação da justiça, mantendo-se na disponibilidade de cometerem novos crimes no futuro ou até motivarem terceiros a organizar-se com este fim se se considerar que o TPI apenas age quando os Estados não querem ou não conseguem julgar os prevaricadores;
- O Conselho de Segurança enquanto entidade omnipotente e omnisciente, posicionada acima do Direito Consuetudinário e dos Tratados. Os poderes atribuídos pelo ER ao Conselho de Segurança[68] conferem a este órgão um grau de influência excessivo para um órgão cuja maioria dos membros permanentes (três em cinco)

---

tando, aqui, os critérios dos tribunais *ad hoc*, apesar de o Estatuto já exigir que a acção do Tribunal considere a «gravidade do crime» (preâmbulo e arts. 1º e 53º nº 1, al. c)). Cfr. «Second Public Hearing of the Office of the Prosecutor – Sessio 3 – Luís Moreno-Ocampo, Chief Prosecutor», *International Criminal Court*, 17 de Outubro de 2006. http://www.icc-cpi.int/Menus/ICC/ Structure+of+the+Court/Office+of+the+Prosecutor/Network+with+Partners/Public+Hearings/Second+Public+Hearing/Session+3/Luis+Moreno_Ocampo_+Chief+Prosecutor.htm. Aqui, é passível de ser invocado o princípio *exceptio non adimpleti contractus*, que determina a cessação da vigência de um tratado quando ocorre a sua inexecução por uma das partes (art. 60º da Convenção de Viena), o que, em última instância, pode resultar na recusa de um Estado parte em cumprir o ER se entender que a discricionariedade conferida ao Tribunal para interpretar a expressão «gravidade do crime» possa servir de fundamento para afastar a aplicação do Estatuto às grandes potências ou a casos ocorridos em palcos extra-africanos. Cfr. Jorge Miranda, op. cit., p. 89.

[67] Na entrevista referida na nota anterior, Ocampo refere que a actuação do TPI assume carácter didáctico, pois «os julgamentos ensinam [e] as pessoas aprendem».

[68] À luz do ER, o Conselho de Segurança tem poderes para (i) «denunciar ao Procurador qualquer situação em que haja indícios de ter ocorrido a prática de um crime» previsto no Estatuto (art. 13º al. b)); e (ii) para suspender os procedimentos do Tribunal, por um período de 12 meses, renováveis sem limites, bastando para tal uma «resolução aprovada nos termos do disposto do Capítulo VII da Carta das Nações Unidas» (art. 16º).

não são partes do Estatuto[69-70]. Assiste-se, desta forma, a um sistema insólito, segundo o qual, por um lado, vigora a Convenção de Viena sobre o Direito dos Tratados, cabendo aos Estados que sejam parte do ER a tomada de decisão no âmbito do ER, porém, por outro, vigora um sistema paralelo sustentado na Carta das Nações Unidas, como se de uma Constituição universal[71] se tratasse, emergindo a acção do Conselho de Segurança como «garante do cumprimento da legalidade», não no âmbito jurídico, mas meramente político, comprometendo a eficácia do Direito Internacional. Aqui parece prevalecer o princípio «justiça internacional, sim, mas de acordo com os padrões ambíguos do Conselho de Segurança»[72];

- África, enquanto alvo exclusivo da acção do TPI. Apesar de o Procurador «piscar o olho» a outros palcos, sobretudo sul-americanos, é certo que os casos até agora visados pelo Tribunal incidem apenas naqueles ocorridos no continente africano, desencadeando o agravamento das hostilidades destes Estados, como um todo, contra o Tribunal.

---

[69] Dos chamados «P5» (*Permanent 5*), apenas Reino Unido e França são parte no ER. Estados Unidos, Rússia e China recusaram fazer parte do TPI.

[70] Embora a composição desequilibrada do Conselho de Segurança resulte de uma imperfeição da Carta das Nações Unidas, este «pecado» é imputado ao TPI pelo facto de os Estados partes no ER terem optado, voluntariamente, pela manutenção de preceitos que deixam o Tribunal «refém» daquele órgão, quando apenas as questões relacionadas com o crime de agressão poderiam colidir com a Carta.

[71] JORGE MIRANDA entende que é perigoso falar-se na existência de uma Constituição mundial em virtude de (i) a ONU ainda não ter sido capaz de se afirmar globalmente, enquanto entidade autónoma, alheia ao domínio de potências como os Estados Unidos; (ii) por carecer de um poder constituinte efectivo; e (iii) pelas fragilidades patentes nos mecanismos de garantia, quando comparados com os de Direito interno. Cfr. JORGE MIRANDA, op. cit., pp. 19, 28-29. Na defesa de uma constituição mundial enquanto «quadro jurídico o bem comum da Humanidade», ver JOÃO CARLOS LOUREIRO, «Desafios de Témis, Trabalhos dos Homens (Constitucionalismo, Constituição Mundial e "Sociedade de Risco")», *Nação e Defesa*, nº 97, Primavera 2001, pp. 43-60.

[72] Conselho de Segurança da ONU, este, cuja acção é severamente contestada por Estados com assento na Assembleia-Geral, que acusam o órgão Executivo de parcialidade e, também aqui, de *double standards* na caracterização de situações que constituem crime de agressão ou que se integrem, regra geral, no Capítulo VII da Carta.

- A questão dos Estados Unidos. Se, por um lado, China e Rússia procuram demarcar-se dos poderes que o ER lhes reserva, enquanto membros permanentes do Conselho de Segurança da ONU – manifestando-se contra quaisquer acções do TPI que sejam entendidas como actos de ingerência na situação política interna dos Estados –, por outro, os Estados Unidos insistem em pressionar outros Estados, sobretudo africanos, a colaborarem com Haia, quando a posição norte-americana tem sido marcadamente hostil face ao ER[73-74]. Esta realidade contribui, em larga medida para a descredibilização do TPI e para a imagem de «Tribunal colonial» que ostenta[75];
- A fragilidade do Tribunal, que, ao ser concebido para favorecer os interesses das grandes potências com tropas destacadas em vários teatros de operações – casos de Estados Unidos, França e Reino Unido –, por um lado, obriga ao cumprimento incondicional do ER (art. 12º, nº 3), mas, por outro, admite a celebração de acordos

---

[73] Depois da campanha em favor do TPI, os EUA alteraram radicalmente a sua postura para com o Tribunal, votando contra o ER, assinando-o, posteriormente, a 31 de Dezembro de 2000 – último dia para o poder fazer e garantir o estatuto de observador, sem proceder à sua confirmação – e aprovando o *American Servicemembers Protection Act* (ASPA), um diploma de 7 de Dezembro de 2001, que, não só veta a possibilidade de colaboração de qualquer órgão interno com o TPI, como prevê a cessação do apoio militar a Estados que se recusem a celebrar acordos bilaterais com os Estados Unidos para impedir a detenção de cidadãos norte-americanos sem o consentimento de Washington. Para mais sobre o assunto, cfr. PAULA ESCARAMEIA, op. cit., p. 238.

[74] Esta tendência das grandes potências se recusarem a ser parte no ER justifica-se com o facto de se tratarem de actores activos em vários palcos geopolíticos, pretendendo evitar a aplicação de um instrumento que não só não reforça os poderes de que dispõem em sede de Conselho de Segurança, como potencia a ocorrência de tentativas de responsabilização por parte dos restantes Estados ou do próprio Tribunal. Se estes casos constituem exemplos de resistência passiva, outros há que são situações de resistência activa, como o comportamento dos Estados Africanos e nos islâmicos, que, como forma de afastar a aplicação da Declaração Universal dos Direitos Humanos, criaram e adoptaram instrumentos adequados às respectivas realidades, como a Carta Africana dos Direitos Humanos e dos Povos e a Declaração de Direitos do Homem do Islão.

[75] Cfr. DAVID P. FORSYTHE, *Human Rights in International Relations*, Cambridge, Cambridge University Press, 2006, 2ª Edição, pp. 106-110.

bilaterais que permitem eximir os cidadãos de um Estado à responsabilidade do TPI[76];
- A ausência de meios dotados de coercibilidade suficiente, nomeadamente forças de segurança com jurisdição tendencialmente universal, para forçar o cumprimento das decisões do Tribunal pelos Estados, o início das investigações e proceder à detenção dos suspeitos em qualquer parte, mantendo-se refém do *animus* dos Estados partes, nem sempre dispostos a colaborar incondicionalmente;
- O papel decisivo das Organizações Não-Governamentais (ONG) na busca da verdade material, servindo, não raras vezes, de fonte de produção de prova fundamental para as investigações. Questiona-se a idoneidade e imparcialidade de julgamentos realizados com base nestas fontes, dado que muitas destas organizações representam verdadeiros instrumentos de *soft power*[77] ao serviço dos Estados

---

[76] Cfr. nota anterior. Entre outros, este foi o caso do Botsuana, que, apesar da forte contestação interna, aceitou celebrar este acordo com os Estados Unidos por arriscar perder cerca de USD$ 1 milhão em ajuda militar, tendo ainda pesado na tomada de decisão o apoio norte-americano a um programa de tratamento antiretroviral no país e o facto de os Estados Unidos terem adquirido cerca de 70% dos diamantes do Botsuana. Para mais sobre o assunto, nomeadamente uma análise genérica e o estudo de outros casos concretos, ver JUDITH KELLEY, «Who Keeps International Commitments and Why? The International Criminal Court and Bilateral Nonsurrender Agreements», *American Political Science Review, Vol. 101, nº 3*, Agosto de 2007. http://www.duke.edu/~jkelley/publications/2%20APSR%202007.pdf.

[77] Utilizado pela primeira vez por JOSEPH NYE, o conceito *soft power* é utilizado para descrever a capacidade de um Estado para persuadir outros Estados ou entidades a tomarem decisões que lhe são favoráveis, através de meios não agressivos, como a diplomacia ou os laços históricos. O *soft power* opõe-se ao *hard power*, utilizando-se para medir a capacidade de um Estado em coagir um terceiro a adoptar determinado comportamento, através dos meios militares e económicos. Embora seja impossível de determinar o verdadeiro autor, foi ainda criado o conceito *smart power*, que descreve a aptidão de um Estado para combinar *hard* e *soft power*, convertendo-os numa solução híbrida e eficaz. Para mais sobre o assunto, ver JOSEPH S. NYE JR., *Soft Power: The Means to Success in World Politics*, Nova Iorque, Public Affairs, 1ª Edição, 2004; SUZANNE NOSSEL, «Smart Power», *Foreign Affairs*, Março/Abril de 2004. http://www.foreignaffairs.com/articles/59716/suzanne-nossel/smart-power; JOSEPH S. NYE JR., «In Mideast, the goal is "smart power"», *The Boston Globe*, 19 de Agosto de 2006. http://www.boston.com/news/globe/editorial_opinion/oped/articles/2006/08/19/in_mideast_the_goal_is_smart_power/.

e/ou de minorias que reflictam determinados valores e princípios pelas mesmas professados. Ademais, e não menos importante, é ainda a questão da ausência de mecanismos de controlo, fiscalização e responsabilização *de facto* das ONG, as quais, dependendo da mera vontade de um grupo de pessoas, actua, não raras vezes, à margem da transparência que lhe será exigida;

- A tendência dos Estados partes para utilizarem o Tribunal enquanto «arma política» ao serviço de estadistas que pretendam afastar rivais políticos, projectando, simultaneamente, a sua imagem junto da Comunidade Internacional por a adesão ao ER ter como leitura o interesse do Estado signatário em proteger os Direitos Humanos;
- O conflito resultante da ambiguidade entre a complementaridade substantiva do TPI face aos Estados[78] – independentemente da pena que apliquem aos crimes, por mais simbólica que esta seja – e a possível violação deste princípio se o Tribunal «entender» que estes pretendem «subtrair o arguido à sua responsabilidade criminal por crimes da competência do Tribunal» (art. 20º, nº 3, al. a)) ou que o julgamento dos tribunais nacionais «não tenha sido conduzido de forma independente e imparcial (...) ou tenha sido conduzido de maneira a que (...) se revele incompatível com a intenção de submeter a pessoa à acção da justiça» (al. b). Sabendo-se que a justiça pode ser relativa[79], tendo mesmo incluído, em casos ocorridos num passado recente, o envolvimento de Comissões para a Justiça e Reconciliação[80], desconhecem-se os padrões utilizados pelo TPI no estabelecimento de limites que tornem estes critérios mais concretos e menos disponíveis a instrumentalizações políticas;

---

[78] Cfr. nota 59.
[79] O relativismo cultural faz com que o conceito de justiça varie, sendo mesmo reconhecido, em alguns Estados, nomeadamente a Somália, a faculdade de escolha de aplicação da justiça pela vítima ou pelos seus representantes. Cfr. KAL EL, «Somali Islamic court sets 100 female camels as price of aid worker's murder», *Infidels Are Cool através de AFP*, 26 de Março de 2009. http://infidelsarecool.com/2009/03/26/islamic-court-declares-a-human-life-is-worth-100-female-camels/.
[80] Veja-se o caso da África do Sul, pós-Apartheid.

- As lacunas normativas, algumas delas graves, sobre um conjunto de normas que se pretendem inovadoras e protectoras dos Direitos Humanos, e que, no entanto, prejudicam os direitos do arguido ao não preverem solução para questões como o prazo máximo de prisão preventiva[81] ou o destino a dar ao indivíduo ao qual seja concedida liberdade provisória, fazendo depender esta libertação da disponibilidade dos Estados[82-83].

---

[81] Este ponto é tão ou mais preocupante se se considerar o ritmo lento a que funciona a justiça do TPI. Findos oito anos, desde que iniciou funções, o Tribunal ainda não deu nenhum caso como concluído, questionando-se, assim, a sua celeridade e eficácia.

[82] Esta situação ocorreu durante o período de detenção de JEAN-PIERRE BEMBA, no âmbito do «caso República Centro Africana», no qual, a 14 de Agosto de 2009, e findos treze meses de detenção – Bemba encontra-se detido desde 3 de Julho de 2008 –, a magistrada EKATERINA TRENDAFILOVA concedeu liberdade provisória ao arguido, à luz do art. 119º das Regras de Processo. Porém, o acto da magistrada seria recusado pela secção de recurso por, entre outros motivos, não ter sido identificado nenhum Estado que se mostrasse disponível para receber o antigo vice-Presidente da República Democrática do Congo no seu território, permanecendo este, assim, detido. Cfr. «Judgement on the appeal of the Prosecutor against Pre-Trial Chamber II's "Decision on the Interim Release of Jean-Pierre Bemba Gombo and Convening Hearings with the Kingdom of Belgium, the Republic of Portugal, the Republic of France, Federal Republic of Germany, the Italian Republic, and the Republic of South Africa"», de 2 de Dezembro de 2009, relatado por SILVANA ARBIA, disponível em http://www.icc-cpi.int (http://www.icc-cpi.int/iccdocs/doc/doc787666.pdf), preâmbulo e pontos 1, 2 e 107, pp. 3 e 32.

[83] O mesmo problema coloca-se no sentido oposto, pois o art. 107º, nº 1 do ER obriga um Estado parte a aceitar a transferência de um condenado para o seu território depois de cumprida a pena, o que entendemos constituir uma violação do princípio de soberania dos Estados ao pronunciar-se sobre questões que vão para lá do Direito Internacional Penal e Humanitário, impondo condições aos Estados no que respeita ao acolhimento de estrangeiros no seu território.

Outra questão coloca-se com o art. 60º, nº 4 do ER. Afinal, o que se entende por «detenção prolongada»? Quais são os limites temporais a um critério tão vago?

Finalmente, apesar de o art. 72º do Estatuto pretender limitar a colaboração dos Estados com o Tribunal quando tal possa afectar a sua segurança nacional, este preceito poderá ser utilizado como instrumento de protecção de interesses por parte daqueles que pretendam influenciar o rumo das investigações. Este possível problema é comum a todos os Estados, mas destacamos aqui os africanos, que, não raras vezes, fazem uma interpretação ambígua de conceitos como terrorismo, subversão e segurança nacional.

Parece evidente que vivemos numa era em que é difícil conceber a violação dos Direitos Humanos sem as encarar como ameaças à paz mundial, sendo o TPI uma instituição permanente cuja principal missão passa por assegurar a condenação daqueles que detêm uma posição hierárquica de tal forma superior que deveria garantir a protecção das pessoas e não o defraudamento da confiança que neles é depositada pela posição de garante que detém ao cometerem actos repudiados pela Humanidade no seu todo.

Todavia, as imperfeições do sistema vigente impedem um funcionamento sério e eficaz do Tribunal de Haia, que, limitado pelo controlo exercido por aqueles que mais contribuem para a sua manutenção, tende a prosseguir, ainda que indirectamente, uma agenda mais política do que jurídica, tornando-se num Tribunal actualmente em descrédito junto de um número significativo de Estados parte no ER, muitos dos quais pressionados a ratificar o Estatuto sob pena de enfrentarem represálias.

3. África e o Tribunal Penal Internacional

> «*We will win the battle for Africa, which is in effect a battle for Humanity.*»[84]

Desde a primeira metade da década de 1990, os Estados africanos não só não ofereceram resistência à criação de tribunais penais internacionais, como os principais visados apelaram à ajuda das Nações Unidas para aplicar a justiça internacional em situações de violações grosseiras ao Direito Humanitário ocorridas nos seus territórios. Estes foram os casos de Ruanda (1994) – com o Tribunal Penal Internacional para o Ruanda (TPI-R) – e Serra Leoa (2000) – através do TESL – sem que se conhecesse oposição de outros Estados africanos à sua criação.

Todavia, entre os elementos estruturantes destes dois tribunais[85], destacam-se o seu carácter não permanente (*ad hoc*), a existência limitada no tempo e o facto de se tratarem de tribunais de competência *ratione materiae, ratione temporis e ratione loci* circunscritas a situações concretas ocorridas num determinado período de tempo em local específico[86].

---

[84] ABDOULAYE WADE.
[85] Para mais sobre os elementos estruturantes dos tribunais penais internacionais, ver MARIA JOSÉ RANGEL DE MESQUITA, *Justiça Internacional – Lições – Parte I – Introdução*, Lisboa, AAFDL, 2010, pp. 123 e ss.
[86] Entre as desvantagens destes tribunais contam-se, essencialmente, o facto de ambos terem sido criados para julgarem casos específicos ocorridos antes da data da sua constituição – o primeiro, relacionado com o genocídio cometido pelas forças de segurança

Ora, esta estrutura dos tribunais internacionais *ad hoc*, tendencialmente aceite pelos Estados africanos, opõe-se, desde logo, ao novo conceito de justiça internacional, que admite a vigência de uma instituição jurisdicional supranacional de carácter permanente, com competências mais amplas do que os tribunais não permanentes.

Embora de início o TPI tivesse suscitado desconfiança e apreensão em alguns Estados, a forte campanha dos Estados sul-americanos e europeus em favor do ER – apenas mitigada pela escassa adesão dos asiáticos e dos muçulmanos – viria a pesar na decisão de África, continente fortemente abalado pelos conflitos e pela violação grosseira dos Direitos Humanos.

Desde a abertura do ER à assinatura, a 17 de Julho de 1998, até à consequente confirmação do estatuto de parte no tratado, o procedimento tem sido marcado pela controvérsia no continente africano, assistindo-se a reacções mistas dos Estados, nomeadamente entre (i) aqueles que assinaram e ratificaram o ER, (ii) os que assinaram, mas ainda não ratificaram e (iii) os que não assinaram ou, tendo assinado, comunicaram, em fase posterior, a sua retirada.

Numa análise genérica, constata-se desde logo que, além das iniciativas espontâneas dos Estados em proceder à assinatura do ER, notou-se uma certa «corrida à assinatura» nos últimos seis meses do ano 2000[87]. Tal deve-se ao facto de o art. 125º, nº 1 do Estatuto admitir a assinatura dos Estados até 31 de Dezembro de 2000, sem a obrigatoriedade de o ratificarem, sendo que, a partir desta data o ER passou a estar disponível apenas à ratificação, aceitação ou aprovação.

---

hutu contra a população *tutsi*, perpetrado entre 1 de Janeiro e 31 de Dezembro de 1994, e o segundo com as violações aos Direitos Humanos cometidas na Serra Leoa, durante a Segunda Guerra Civil serra-leonesa –, cujo âmbito de jurisdição limitado poderá não ser suficiente para prevenir a repetição da mesma espécie de actos no futuro.

[87] Recorde-se que, ao longo dos cerca de 24 meses que se seguiram à abertura do ER para assinatura, 30 Estados africanos haviam assinado o tratado, enquanto que nos últimos seis meses de abertura do Estatuto para assinatura – entre 1 de Julho e 31 de Dezembro de 2000 – foram 15 os que assinaram o ER. Cfr. «Rome Statute of the International Criminal Court», *United Nations Treaty Colection*, 4 de Dezembro de 2010. http://treaties.un.org/Pages/ViewDetails.aspx?src=TREATY&mtdsg_no=XVIII-10&chapter=18& lang=en.

Ora, com a mera assinatura do Estatuto, ainda que os Estados não possam obstruir o seu cumprimento[88], os signatários não estão, porém, obrigados a colaborar com o Tribunal, nem sujeitam o seu território à jurisdição do TPI, aliviando, deste modo, a pressão da Comunidade Internacional no sentido de integrarem nos seus ordenamentos instrumentos de protecção de Direitos Humanos e assumindo, concomitantemente, a qualidade de Estados observadores (art. 112º), o que lhes permite prolongar, por tempo indeterminado, a confirmação como parte no ER.

Identificar um padrão que defina os motivos que levam os Estados africanos a ratificar, ou não, o ER pode afigurar-se uma tarefa de difícil execução, dado que, entre si, partilham características comuns – como o passado colonial ou os conflitos bélicos –, mas também se evidenciam bastantes diferenças – quer na transição de cada país para a independência, quer no desenvolvimento da maturidade política e social de cada regime.

Um dos fundamentos que justificam a adesão plena dos Estados africanos ao ER prende-se com a motivação decorrente de, com tal compromisso, governos democráticos e tendencialmente liberais pretenderem obter legitimidade interna e reputação internacional, dando continuidade à consolidação de instituições que admitam mecanismos de gestão de conflitos e outras reformas políticas que garantam maior estabilidade ao país[89].

Paralelamente, quanto mais intensos forem os níveis de repressão com que um Governo administra o Estado, menos provável é a sua adesão ao ER, denotando-se um afastamento evidente por parte de regimes caracterizados pela supressão de direitos fundamentais e violações de Direitos Humanos[90] – casos estes de Eritreia, Etiópia, Guiné Equa-

---

[88] Por via da aplicação do art. 18º, al. a) da Convenção de Viena.
[89] Neste sentido, ver CLAIRE LAUTERBACH, «Commitment to the International Criminal Court among sub-Saharan African states», *Eyes on the ICC*, vol. 5, nº 1, Nova Iorque, Council for American Students in International Negotiations, s. d., pp. 85-124, no qual a autora desmistifica alguns conceitos relacionados com a adesão dos Estados africanos ao ER.
[90] Estes países têm em comum o facto de manterem um regime repressivo, dominado, na maior parte dos casos, pela concentração de poderes numa elite ou num só homem,

torial, Zimbabué e Sudão. Outro exemplo que justifica a falta de interesse face ao ER diz respeito a países cuja organização política e social é refém de tradições e valores religiosos que se revelem incompatíveis com o cumprimento das obrigações decorrentes do Estatuto – casos estes dos países que integram a região do Magrebe islâmico e, uma vez mais, do Sudão[91-92] – não se considerando o comportamento da Somália e do Sudão do Sul face ao ER por se tratarem, o primeiro, de um Estado sem instituições e Governo efectivos, desde 1991[93], e, o segundo, de um Estado muito recentemente reconhecido enquanto tal.

Finalmente, há ainda que considerar o facto de Estados africanos onde se verifique uma maior separação e equilíbrio entre os poderes executivo e judiciário manifestarem maior propensão para se tornarem

normalmente, os principais responsáveis pela violação de Direitos Humanos e pela implementação do terror, o que elimina, naturalmente, o interesse pelo comprometimento com o ER, sabendo-se que a acção do TPI recai, exclusivamente, nos altos funcionários do Estado, podendo uma adesão ao Estatuto ter como possível consequência a sua inclusão nas acções do Tribunal.

[91] Ainda que Argélia, Líbia, Marrocos, Egipto e Mauritânia mantenham o estatuto de observadores, entre as motivações que concorrem para que estes Estados, juntamente com Sudão, não façam parte do ER, encontram-se factores como a acusação de «ocidentalização» do Tribunal, que leva a que ignore valores e princípios islâmicos; a existência de ordenamentos jurídicos que se baseiam, unica ou conjuntamente, em fontes religiosas como forma de diminuir a influência colonialista e Ocidental; ausência de sector judiciário independente. Neste sentido, cfr. MICHAEL J. KELLY, «Islam & International Criminal Law: A Brief (In) Compatibility Study», *Pace International Law Review Online*, Março de 2010. http://digitalcommons.pace.edu/cgi/viewcontent.cgi?article=1007&context=pilronline.

[92] Excepção feita à Tunísia, que é parte do Estatuto de Roma desde 22 de Junho de 2011, meses após a queda do regime liderado pelo Presidente ZINE EL ABIDINE BEN ALI, em Janeiro de 2011. Aqui, é evidente que a adesão ao Estatuto de Roma representa uma acção de charme da nova liderança política tunisina junto da Comunidade Internacional, pretendendo demonstrar as possíveis mudanças resultantes da «Primavera Árabe». Cfr. «Tunisia becomes the 116th State to join the ICC's governing treaty, the Rome Statute», *International Criminal Court*, 24 de Junho de 2011. http://www.icc-cpi.int/NR/exeres/415C6300-58BF-4245-9BB7-F8A317966E35.htm.

[93] Constata-se, assim, que a tendência de resistência passiva das grandes potências é seguida por alguns Estados africanos, partilhando as mesmas motivações que Estados Unidos, China e Rússia: evitar a responsabilização perante instâncias que possam ser desfavoráveis à linha seguida pelas administrações.

parte no ER, por se entender como remota uma eventual acção do TPI país, enquanto meio necessário para garantir a resposta a violações do Direito Internacional Humanitário, sendo suficiente, à partida, a acção dos tribunais internos destes Estados. Aqui, se o TPI tende a ser avaliado como órgão verdadeiramente subsidiário, a adesão servirá, meramente, como instrumento de projecção internacional da imagem do Estado ratificante, enquanto promotor dos Direitos Humanos[94].

Neste quadro de diversidade motivacional, importa analisar a abordagem dos Estados da África subsariana face ao TPI em função das áreas de influência, resultantes dos laços históricos, e das respectivas áreas geográficas, de modo a melhor compreender os factores que influenciam cada um destes países a rejeitar, aceitar ou manter reservas relativamente ao ER.

3.1. A África Lusófona

Entre os Países Africanos de Língua Oficial Portuguesa (PALOP), se Angola foi um dos primeiros Estados africanos a assinar o ER, a 7 de Outubro de 1998, Guiné-Bissau, Cabo Verde, Moçambique e São Tomé e Príncipe integram o grupo de 15 Estados que participaram no «*sprint* final» à assinatura[95]. Este acto de assinatura tardia, quando acompanhado da não ratificação do Estatuto ilustra uma evidente falta de interesse dos PALOP, a qual é resultante, na maioria dos casos, de impedimentos constitucionais relacionados com a extradição de nacionais e as imunidades de titulares de cargos políticos, o que viria a ser igualmente suscitado em Portugal, embora de forma inconsequente[96].

Em Cabo Verde, e após seis anos de negociações, a Assembleia Nacional cabo-verdiana aprovou, a 5 de Fevereiro de 2010, a segunda revisão constitucional, vocacionada para a reforma do sector da justiça. Além de prever que «o Direito Internacional geral ou comum faz parte inte-

---

[94] Cfr. mesma fonte nota 89.
[95] A Guiné-Bissau assinou o ER a 12 de Setembro de 2000, Cabo Verde, Moçambique e São Tomé e Príncipe fizeram-no a 28 de Dezembro de 2000. Cfr. mesma fonte nota 87.
[96] Cfr. PAULA ESCARAMEIA, «Quando o mundo das soberanias se transforma no mundo das pessoas: o Estatuto do Tribunal Penal Internacional e as Constituições nacionais», *O Direito Internacional....*, pp. 163-194.

grante da ordem jurídica cabo-verdiana»[97] e que o país «pode (...) aceitar a jurisdição do TPI, nas condições de complementaridade e demais termos estabelecidos no ER»[98], a nova Lei Fundamental cabo-verdiana passou a admitir a extradição de nacionais nos mesmos termos da Lei portuguesa, acrescentando um preceito em que afasta eventuais conflitos com o exercício da jurisdição do TPI[99] e admitindo ainda situações de levantamento de imunidades[100]. Estas alterações levaram Cabo Verde a ratificar o Estatuto de Roma a 10 de Outubro de 2011, tornando-se, assim, no 33º Estado africano e no 1º da África lusófona a fazê-lo[101-102].

Tal como Cabo Verde, o caso de Angola é paradigmático de uma revisão constitucional adequada à futura ratificação do ER. A promulgação da nova Lei Fundamental do país, a 5 de Fevereiro de 2010, pelo Presidente JOSÉ EDUARDO DOS SANTOS trouxe inúmeras alterações, destacando-se a letra do novo art. 13º da Constituição da República de Angola (CRA), uma transcrição, com as devidas adaptações, dos nºs 1 e 2 do art. 8º da CRP, que regula a recepção de normas de Direito Internacional no ordenamento interno.

Outra novidade assinalável prende-se com a questão das imunidades do Chefe de Estado. Embora a CRA não admita a responsabilidade criminal do Presidente no exercício das suas funções (art. 127º, nº 1), a mesma é abrangida por um número reduzido de excepções que

---

[97] Cfr. art. 12º, nº 1 da Constituição de Cabo Verde (CCV), uma clara transcrição do art. 8º, nº 1 da Constituição da República Portuguesa (CRP).
[98] Cfr. art. 11º, nº 8 da CCV.
[99] Cfr. art. 37º, em especial o nº 5, da CCV.
[100] Cfr. art. 198º da CCV, com a epígrafe «Responsabilidade criminal dos membros do Governo».
[101] Cfr. «Cabo Verde é o Estado Parte 119 para juntar-se ao Tribunal Penal Internacional», *Coalition for the International Criminal Court*, 12 de Outubro de 2011. http://www.iccnow.org/documents/CICC_PR_ CAPE_VERDE_ratification_12oct2011_PORT.pdf .
[102] Ao mesmo tempo que ratificou o Estatuto de Roma, Cabo Verde aderiu ainda a outros tratados, entre os quais se destaca a Convenção sobre Prevenção e Punição do Crime de Genocídio. Cfr. «ICC hosts welcome ceremony honouring Cape Verde as a new State Party», *International Criminal Court*, 19 de Janeiro de 2012. http://www.icc-cpi.int/NR/exeres/81D0E88F-D115-494E-B590-6D65F37CE0A9.htm.

não prevê todos os crimes previstos no ER[103]. Outro problema poderia decorrer do facto de o nº 3 da CRA admitir que, fora do exercício das suas funções, o Presidente só «responde perante o Tribunal Supremo, cinco anos depois de terminado o seu mandato», o que, se se considerar que a nova Lei Fundamental angolana prevê um limite de dois mandatos de cinco anos (art. 113º, nº 2), poderá resultar num total de 15 anos de impunidade.

Contudo, partilhamos o entendimento de PAULA ESCARAMEIA na resolução desta questão, a quem parece «completamente impossível que o Presidente, durante o seu mandato, pudesse praticar crimes da magnitude e extrema gravidade dos previstos no art. 5º do Estatuto na sua capacidade individual, sem se utilizar da sua posição»[104].

Finalmente, o regime da extradição de nacionais previsto na CRA, cujo art. 70º, nº 1 parece, numa primeira leitura, entrar em conflito com a entrega de um cidadão ao TPI, à luz do art. 89º do ER, por rejeitar tal possibilidade sem considerar excepções, como sucede com a CRP. Porém, o Estatuto distingue claramente, no seu art. 102º, entre «entrega» (al. a)) e «extradição» (al. b)), estabelecendo, assim, a distinção entre cooperação judiciária inter-estadual e cooperação entre Estados

---

[103] À luz do art. 127º, nº 1 da CRA, o Presidente só é responsável pelos actos cometidos no exercício das funções quando estão em causa «casos de suborno, traição à Pátria e prática de crimes definidos na Constituição como imprescritíveis e insusceptíveis de soberania», cuja lista taxativa vem prevista no art. 61º e inclui «o genocídio e os crimes contra a humanidade previstos na lei» e «os crimes como tal previstos na lei». O anteprojecto do Código Penal angolano contempla os crimes de genocídio (art. 367º), os crimes de lesa humanidade (arts. 368º, 369º e 370º) e os crimes de guerra (arts. 371º a 374º), porém, não prevê a imprescritibilidade dos crimes de guerra, entrando em conflito aparente com o ER, o que, porém, poderá ficar sanado com a transposição do tratado para o ordenamento jurídico angolano passando a imprescritibilidade dos crimes de guerra a incluir-se nos «crimes como tal previstos na lei» (art. 61º, al. b)), não havendo incompatibilidade entre os dois documentos. Cfr. «Anteprojecto de Código Penal», Ordem dos Advogados de Angola. http://www.oaang.org/codigofinal.pdf.

[104] Apesar do carácter remoto de tal hipótese, ainda que a mesma se concretizasse, parece prevalecer a tese da irrelevância das imunidades de altos funcionários do Estado para crimes de genocídio, praticamente todos os crimes contra a humanidade e, pelo menos, as violaçõees mais graves das Convenções de Genebra. Contudo, importa alertar para o facto de Angola ter sempre forma de evitar a complementaridade do TPI, assumindo a competência dos julgamentos internamente. Cfr. PAULA ESCARAMEIA, op. cit., pp. 181-184.

e Tribunal, pelo que, uma vez mais, aceitamos, com as devidas adaptações, o entendimento de PAULA ESCARAMEIA para o alegado conflito entre a CRP e o ER nesta matéria[105][106], concluindo que parece não se verificar qualquer incompatibilidade entre a Lei Fundamental angolana e o Estatuto, estando, assim, aberto o caminho para a ratificação.

Em Moçambique, a situação é diferente. Por um lado, verificam-se algumas iniciativas recentes da sociedade civil no sentido de apelar ao Governo para a necessidade de ratificar o ER[107]. Porém, as imperfeições resultantes da actual Constituição moçambicana poderão constituir um obstáculo à vigência eficaz do Estatuto perante uma possível ratificação, entrando em conflito com o Tratado no que respeita à posição que o Direito Internacional ocupa na hierarquia interna – equiparando-o a actos normativos «infraconstitucionais» provenientes da Assembleia da República e do Governo[108-109] –, bem como com questões relacionadas com a extradição de nacionais – proibidas à luz do art. 67º, nº 4 da CRM[110] – e com a não tipificação dos crimes de guerra, crimes contra a humanidade e genocídio no ordenamento jurídico interno[111].

---

[105] *Ibidem*, pp. 169-171 e 185-186.

[106] Outra questão alegadamente controversa prende-se com a proibição de extradição de estrangeiros quando estes possam ser condenados à pena de morte (art. 70º, nº 2 da CRA). Contudo, tende a prevalecer o mesmo entendimento que foi aceite para a extradição de cidadãos nacionais. *Ibidem*, pp. 174-176 e 186-193.

[107] Nomeadamente por parte da Ordem dos Advogados de Moçambique. Cfr. ELEUTÉRIO FENITA, «Moçambique debate possível adesão ao TPI», *BBC para África*, 1 de Julho de 2009. http://www.bbc.co.uk/portugueseafrica/news/story/2009/07/090701_mozambiquetpivg.shtml.

[108] Cfr. art. 18º, nº 2, da Constituição da República de Moçambique (CRM).

[109] Entre nós, JORGE MIRANDA entende que os princípios de *jus cogens* e as restantes normas de Direito Internacional geral posicionam-se acima da Constituição, embora considere a existência de uma relação de subordinação das normas de Direito Internacional convencional e de organizações internacionais face à Lei Fundamental. Cfr. JORGE MIRANDA, op. cit., pp. 156-162. No mesmo sentido, ver JORGE BACELAR GOUVEIA, *Manual de Direito Internacional Público – Introdução, Fontes, Relevância, Sujeitos, Domínio, Garantia*, Coimbra, Almedina, 2008, pp. 429-438.

[110] Neste sentido, entendemos como suficiente a resposta dada para a resolução do mesmo problema relativamente a Angola.

[111] No mesmo sentido seguem Guiné-Bissau e São Tomé e Príncipe, cujo ordenamento jurídico parece impedir a vigência do ER, assinalando-se o facto de a Constituição

Assim, tais limitações constitucionais resultam do facto de Moçambique entender que a recepção do Direito Internacional nos mesmos moldes que a Lei portuguesa constitui uma limitação de soberania, visão esta reforçada pelo facto de não pretender abdicar do *ius puniendi*, quando estão envolvidos os seus nacionais, em favor da justiça internacional – o que aconteceria por força da aplicação do ER na eventualidade de Moçambique, um país marcado pela guerra até 1992, se recusar a julgar altos funcionários do Estado, preferindo alegar que o seu direito interno não permite a cooperação plena com o Tribunal, como lhe é exigido, à luz do art. 88º do ER.

Menos complexas são as situações dos restantes PALOP. Em São Tomé e Príncipe, os conflitos com o ER prendem-se, essencialmente, com a não tipificação dos crimes previstos no Estatuto no ordenamento jurídico interno e com a proibição de extradição de nacionais (art. 41º, nº 1 da Constituição são-tomense) – sendo, porém, compatíveis as questões relacionadas com a recepção do Direito Internacional (art. 13º) e a imunidade dos oficiais do Estado (art. 86º).

A Guiné-Bissau, por sua vez, será, entre os Estados de influência portuguesa, aquele que evidencia mais dificuldades para se apresentar em condições de ratificar o ER. Refém de uma Constituição obsoleta, o ordenamento guineense não admite a extradição de nacionais e dispõe de um vazio legal no que respeita à questão das imunidades dos oficiais, à recepção do Direito Internacional e à tipificação dos crimes previstos no ER.

A instabilidade interna em Bissau, bem como os problemas financeiros que o país atravessa e a falta de peritos para acompanhar um eventual processo de ratificação – estes dois últimos factores comuns a São Tomé e Príncipe[112] – tornam a ratificação do ER uma questão subsidi-

---

guineense, datada de 1996, além de proibir a extradição de cidadãos nacionais (art. 43º, nº 1), ser omissa relativamente à forma de acolhimento do quadro interno ao Direito Internacional.

[112] Cfr. «Guinea-Bissau», *Coalition for the International Criminal Court*, 15 de Janeiro de 2009. http://iccnow.org/?mod=country&iduct=70; «Sao Tome and Príncipe», *Coalition for the International Criminal Court*, 15 de Janeiro de 2009. http://iccnow.org/?mod=country&iduct=150.

ária, parecendo afastar-se a hipótese até que ocorra uma eventual alteração do actual paradigma.

Contudo, considerando a história e o presente conturbado que caracteriza a situação política e de segurança da Guiné-Bissau – panoramas dominados pela conflitualidade e pela tensão que impedem a estabilização definitiva do país –, entende-se que a ratificação do ER, ao contribuir para um aumento da responsabilização dos actores políticos internos, poderá concorrer para a melhoria do actual quadro.

Se os PALOP partilham entre si a mesma (falta de) motivação, as iniciativas de Portugal e Brasil em sede de Comunidade de Países de Língua Portuguesa (CPLP)[113] têm produzido frutos com alguns[114], admitindo-se, contudo, algum distanciamento dos restantes, pelo que as perspectivas de futuro em torno da abordagem dos PALOP ao ER mantêm-se incertas e dependentes, em larga medida, da tendência dos restantes Estados africanos e das decisões tomadas em sede de União Africana.

3.2. A África Francófona

A França é considerada um actor activo na promoção da justiça internacional penal, nomeadamente na não permanente. Contudo, apesar de o ER ter sido alvo de constrangimentos criados por Paris, designadamente no que diz respeito à possibilidade de um Estado signatário poder opor reservas ao art. 8º do Estatuto – respeitante a crimes de guerra, durante um período de 7 anos (art. 124º) –, actualmente, a França defende os princípios constantes do Tratado, o que se reflecte directamente na forte adesão dos Estados africanos de expressão francófona, a maioria dos quais localizados na região da África ocidental.

Apesar das campanhas de *soft power* de Paris terem contribuído positivamente para a adesão de Estados africanos de influência francófona,

---

[113] Embora alguns objectivos tenham ficado por atingir no imediato, assinalam-se os esforços patentes na Declaração da «Conferência Parlamentar Íberoamericana – Comunidade dos Países de Língua Portuguesa sobre o Tribunal Penal Internacional», realizado entre 25 e 26 de Março de 2004, em Brasília, e disponível para consulta em http://www.iccnow.org/documents/BrasiliaDeclarationPGA26Mar04_port.pdf.

[114] Sobretudo Cabo Verde.

foram outros os factores que mais pesaram na tomada de decisão final, destacando-se o facto de estarem em causa:

- Estados governados por personalidades que nutrem a esperança de usar o TPI em benefício próprio, enquanto forma de intimidar grupos rebeldes e opositores políticos internos – o caso do Senegal[115];
- Estados que ratificaram o ER com o objectivo de travar os ímpetos beligerantes internos bem como o apoio de países vizinhos a entidades que desenvolvem agendas subversivas no país respectivo – caso do Chade[116];
- Estados ladeados por teatros de guerra civil e marcados pela actividade de grupos rebeldes oriundos de países vizinhos no seu território – casos de República Centro Africana e República Democrática do Congo, Estados sem instituições capazes de garantir a aplicação da justiça e a segurança no seu espaço de soberania.

Exceptuando o facto de a última motivação ter concorrido igualmente para a adesão do Uganda ao ER, os restantes factores não se verificam em países de influência anglófona ou lusófona, embora se acredite que, no caso da Guiné-Bissau, a ratificação tenha como consequência a mitigação dos níveis de conflitualidade interna.

Além dos já referidos, outros factores pesam igualmente na decisão de um Estado em querer ser parte do Estatuto de Roma, realçando-se, ainda na África francófona, os casos de:

- Estados com relativa estabilidade interna que, à altura da ratificação, avaliaram como remota a ocorrência de uma situação no seu território passível de resultar na sujeição dos seus nacionais ao TPI – casos de Gabão, Guiné-Conacri e Níger;

---

[115] Enquanto país afectado pela acção de grupos secessionistas, nomeadamente *Casamance*.

[116] A ratificação do Chade ocorreu a 1 de Janeiro de 2007, pouco tempo após terem sido iniciadas as investigações do TPI no Darfur e surgirem os primeiros rumores de possível indiciamento do Presidente sudanês OMAR AL BASHIR, personalidade que o Chefe de Estado chadiano, IDRISS DÉBY, acusou, sucessivamente, de apoiar grupos rebeldes chadianos.

- Estados que simplesmente pretendem constituir-se como exemplo de Estados africanos tendencialmente democráticos – nos quais funcionam as principais instituições do Estado, a separação dos poderes executivo e judiciário actua de forma eficiente e se assiste a um reforço dos mecanismos de resolução de conflitos[117] – , confirmando, por isso, sem reservas, o ER, factor que concorre para a consolidação da legitimidade do regime no plano interno e junto da Comunidade Internacional[118] – casos de Burquina Faso, Benim, Comores, Djibuti, Mali[119], Madagáscar e Maurícias[120];
- A falta de interesse de alguns Estados em confirmar o seu estatuto de parte no ER, quer pelo domínio de personalidades que temem poder cair na alçada do TPI – caso da Costa do Marfim[121] – quer

---

[117] Excepção a esta regra deverá ser feita à República do Congo, cujo executivo, não obstante ter ratificado o ER em 2004 e ter vindo a dar provas de empenhamento no seu cumprimento, exerce forte influência nos órgãos jurisdicionais, afectando a eficiência do exercício de poderes interno e afigurando-se incapaz de combater as causas de eventuais conflitos potenciados pelo poder político. Cfr. CLAIRE LAUTERBACH, op. cit., pp. 105-108.

[118] *Ibidem*, pp. 108-117.

[119] Aqui, nota para o acordo de execução de sentenças celebrado a 13 de Janeiro de 2012 entre o TPI e o Mali, o primeiro entre o Tribunal e um Estado africano. Cfr. «Mali becomes first African state to sign an agreement on the enforcement of sentences with the ICC», *International Criminal Court*, 20 de Janeiro de 2012. http://www.icc-cpi.int/NR/exeres/37E976FE-E016-419A-B293-DC8EBD2B7393.htm.

[120] A adesão de Madagáscar e das Maurícias foi igualmente influenciada pela acção da África do Sul em sede de *Southern African Development Community* (SADC). Ver ponto dedicado à «África anglófona».

[121] O exemplo da Costa do Marfim é paradigmático da relutância dos Estados em ratificar o ER por, até um passado muito recente, o regime liderado por LAURENT GBAGBO temer que tal comprometesse a sua continuidade no poder.
Os acontecimentos ocorridos na Costa do Marfim após a segunda volta das eleições de 28 de Novembro de 2010 influenciarão, em larga medida, o futuro das relações entre Abidjan e o TPI, sabendo-se que LAURENT GBAGBO, após as atrocidades cometidas no país, tenderá, a exemplo do que sucede noutros palcos, a ser instrumentalizado pelo poder político costa-marfinense, liderado por ALASSANE OUATTARA, para que este último privilegie a aproximação ao Tribunal enquanto forma de garantir a responsabilização dos principais envolvidos em violações de Direitos Humanos no país, servindo ainda para manter alguns dos seus opositores afastados da política interna.

porque tal não constitui uma prioridade interna – estas as situações de Togo[122] e Camarões[123].

3.3. A África Anglófona

Tal como a França, o Reino Unido foi uma das potências que apoiaram a constituição do TPI, assumindo-se como um dos principais percussores do ER junto dos Estados não signatários. Seguindo o exemplo francês, embora se admita o contributo da capacidade de persuasão britânica junto dos Estados africanos com quem mantém laços históricos, o factor que terá pesado na decisão de adesão da maior parte dos 16 Estados partes do ER[124] está directamente relacionado com o grau de empenhamento da Comunidade para o Desenvolvimento da África Austral

---

[122] O Togo não assinou nem ratificou o ER. Apesar de o Governo togolês ter vindo a manifestar a vontade do país em ratificar o Estatuto, não têm sido tomadas acções concretas nesse sentido, mantendo uma Constituição incompatível com o ER em matéria de imunidades (art. 53º) e extradição de nacionais (art. 24º).

[123] Os Camarões assinaram o ER a 17 de Julho de 1998. A ratificação tem sido adiada sucessivas vezes, sem motivo aparente que o justifique, constituindo tal passo uma prioridade secundária para o Governo camaronês, motivo pelo qual a ICC tem exercido pressão junto de Yaoundé. Cfr. «Global Coalition Urges Cameroon to Ratify ICC Treaty», *Coalition for the International Criminal Court*, 16 de Novembro de 2008. http://www.iccnow.org/documents/URC_-_Cameroon_-_press_release.doc.pdf.

[124] Aqui destacam-se os exemplos de Estados como (i) o Gana, que goza de uma imagem de Estado que ilustra um exemplo de democracia e de respeito pelos Direitos Humanos no continente africano e as Seicheles e a Gâmbia, que pretenderam, com esta ratificação, reforçar o seu comprometimento com a luta pela protecção dos Direitos Humanos; (ii) a Nigéria, que, enquanto potência regional e Estado caracterizado pela tensão entre muçulmanos e cristãos, deu um exemplo de evolução, ao ratificar o ER antes de o TPI iniciar funções; (iii) o Quénia, que ratificou o ER, em 2005, após a ocorrência dos actos de violência pós-eleitoral, em 2002, procurando reconquistar a sua credibilidade internacional; (iv) o Uganda, país assolado pela acção de grupos internos de oposição armada e rodeado por Estados caracterizados pela guerra civil, tendo a adesão ao ER constituído a solução para garantir índices relativos de estabilidade interna; (v) o Burundi e a Serra Leoa, enquanto exemplo de Estados que ratificaram o Estatuto ao em momentos delicados da sua história, marcados pela guerra civil nos seus territórios, procurando, com a adesão, demonstrar o seu empenho na inversão do cenário e no comprometimento com o respeito pelos Direitos Humanos; (vi) a Libéria, cuja ratificação ocorreu um ano após o abandono do poder pelo Presidente CHARLES TAYLOR, em 2003, posteriormente acusado de violação de Direitos Humanos pelo TESL.

(SADC), organização económica sub-regional africana, composta por 15 membros, dos quais 11 ratificaram o ER[125] e 3 assinaram-no[126].

Aqui, seria a África do Sul a principal responsável pela adesão da maioria dos Estados-Membros da SADC ao Estatuto. Acabado de sair de uma fase negra da sua história – caracterizado pela violação grosseira de Direitos Humanos ao longo de várias décadas durante o período do *Apartheid* – o país iniciava uma nova era de transição política e reconquista da credibilidade internacional. Neste quadro, após a realização das primeiras eleições democráticas, a África do Sul iniciou um processo de ratificação dos principais instrumentos internacionais de protecção de Direitos Humanos[127], colocando-se no mesmo patamar de outros Estados.

Influenciados pelo passado recente sul-africano, e como forma de evitar que eventuais situações futuras pudessem resultar numa catástrofe humanitária, os Estados-Membros da SADC uniram-se rumo à definição de uma estratégia comum da região que tutelasse os seus interesses, garantindo, simultaneamente, o apoio ao mais recente e moderno projecto de protecção de Direitos Humanos, o TPI.

Assim, a 14 de Setembro de 1997, o conjunto de Ministros da Justiça e Procuradores-Gerais da organização publicaram uma Comunicação Conjunta na qual declararam o seu empenho no projecto de construção do Estatuto de Roma e apelaram a «todos os membros da SADC a assinarem o Estatuto, uma vez adoptado, e a implementarem medidas que visem a sua ratificação o mais cedo possível, de forma a assegurar que o

---

[125] Nomeadamente, África do Sul, Botsuana, Lesoto, Madagáscar, Malaui, Maurícias, Namíbia, República Democrática do Congo, Seicheles, Tanzânia e Zâmbia.
[126] Designadamente Angola, Moçambique e Zimbabué.
[127] Entre os quais contam-se os Protocolos I e II de emenda às Convenções de Genebra de 1977 (1995), Convenção para os Direitos da Criança (1995), Convenção para a Eliminação de todas as formas de Discriminação contra as Mulheres (1995), Convénio Internacional para os Direitos Políticos e Cívicos (1998), Convenção Internacional para a Eliminação de todas as formas de Discriminação Racial (1998), Convenção contra a Tortura e outras penas cruéis, desumanas ou degradantes (1998), a Convenção para a Prevenção e Punição do Crime de Genocídio (1998)

Tribunal inicia funções o mais rápido possível»[128], factor que seria determinante para garantir a forte adesão dos membros da organização[129].

O caso do Ruanda é, também ele, bastante peculiar – apesar de oposto ao da África do Sul – dado que este Estado africano apelou, em 1994, à acção da justiça internacional contra os suspeitos de perpetração de actos de genocídio contra os tutsis, a etnia do actual Presidente, PAUL KAGAME. Apesar do fulgor inicialmente evidente do Ruanda relativamente à criação e actuação do TPI-R, este pedido terá sido baseado em motivos políticos, pretendendo a elite política ruandesa, estabelecida pós-1994, punir os *hutus* e afastar as suas personalidades mais influentes da política ruandesa. Potenciado pela acção diplomática dos Estados Unidos e pela ausência de meios judiciários internos capazes de abordar o problema sem despoletar nova onda de violência, tal cenário forçou Kigali a solicitar a ajuda internacional, pese embora o embaraço provocado pelo voto contra do Ruanda em sede de Conselho de Segurança[130].

O descrédito de que goza a justiça penal internacional junto do Governo de PAUL KAGAME e que afasta a possibilidade de reconciliação entre Kigali e o TPI é o corolário das constantes acusações de morosidade na aplicação da justiça[131], de instrumentalização política da justiça

---

[128] Para consultar o documento e para uma análise sobre o papel da SADC nas negociações do ER, cfr. SIVU MAQUNGO, «The establishment of the International Criminal Court: SADC's participation in the negotiations», *Institute for Security Studies*, 2000. http://www.iss.co.za/pubs/asr/9No1/InCriminalCourt. Html.

[129] Apesar de ter participado activamente nas negociações do ER e das várias promessas no sentido de poder vir a ser parte do Estatuto, não existe motivo aparente que justifique o afastamento do Reino da Suazilândia senão a questão referente às imunidades do Chefe de Estado, as quais fez questão de manter na Constituição em vigor desde 2005 (art. 11º).

[130] Entre os motivos que justificaram o voto contra do Ruanda, ver OLIVIER DUBOIS, «Rwanda's national criminal courts and the International Tribunal», *International Committee of the Red Cross*, 31 de Dezembro de 1997. http://www.icrc.org/eng/resources/documents/misc/57jnza.htm.

[131] PAUL KAGAME manifestou publicamente a sua insatisfação com o ritmo lento a que decorrem as investigações e os julgamentos no TPI-R, desilusão esta que se estende a outros sectores da sociedade. Cfr. HELEN VESPERINI, «Rwanda's genocide tribunal on trial», *BBC News*, 18 de Dezembro de 2001. http://news.bbc.co.uk/2/hi/africa/1717043.stm.

internacional[132] e da qualificação do Tribunal de Haia como um órgão jurisdicional «colonialista e imperialista»[133], esmorecendo quaisquer tentativas diplomáticas, se as houvesse, de incentivar o Ruanda a tornar-se Estado parte no ER.

3.4. Considerações Finais do Capítulo

Pese embora inicialmente se registasse uma forte adesão dos Estados africanos ao ER[134], este fulgor deparou-se com uma tendência para abrandamento de 2002 até aos dias de hoje, ano desde o qual registaram-se apenas ratificações 11 ratificações por parte de Estados africanos[135].

Simultaneamente, e relativamente aos restantes 22 Estados, é patente o seu distanciamento do TPI[136] ao adoptarem uma abordagem que tem vindo a granjear o apoio de organizações regionais e até mesmo de Estados que já são parte do ER, defendendo posições convergentes e manifestamente hostis com o objectivo de criar um bloco de protesto suficientemente coeso e capaz de influenciar a agenda do Tribunal.

---

[132] PAUL KAGAME utilizou este argumento quando um juiz francês o responsabilizou pelos acontecimentos que despoletaram o genocídio no Ruanda. Cfr. «Rwanda fury at Kagame trial call», *BBC News*, 21 de Novembro de 2006. http://news.bbc.co.uk/2/hi/6168280.stm.

[133] Uma vez mais, o Presidente ruandês assume as hostilidades face ao TPI, declarando, em Julho de 2008, que «o Ruanda não pode fazer parte deste colonialismo, escravatura e imperialismo», Cfr. «Rwandan president says ICC is targeting African countries», *Sudan Tribune através de AFP*, 1 de Agosto de 2008. http://www.sudantribune.com/spip.php?article28103.

[134] Dos 54 Estados africanos, 33 são parte do ER, designadamente: África do Sul, Benin, Botsuana, Burquina Faso, Burundi, Cabo Verde, Chade, Comores, Congo, Djibuti, Gabão, Gâmbia, Gana, Guiné-Conacri, Lesoto, Libéria, Madagáscar, Malaui, Mali, Maurícias, Namíbia, Níger, Nigéria, Quénia, República Centro Africana, República Democrática do Congo, Seicheles, Senegal, Serra Leoa, Tanzânia, Tunísia, Uganda e Zâmbia.

[135] Nomeadamente Guiné-Conacri, Congo, Burundi, Libéria, Quénia, Comores, Chade, Madagáscar, Seicheles, Tunísia e Cabo Verde.

[136] Neste âmbito incluem-se os casos dos Estados magrebinos, cujas influências muçulmanas integram-nos na mesma categoria dos Estados árabes do continente asiático, a esmagadora maioria dos quais demarcada do TPI, ou outros, como a Etiópia ou a Eritreia, países com regimes ditatoriais autoritários consolidados há vários anos, que são frequentemente acusados pelas ONG internacionais de violações de Direitos Humanos, motivo pelo qual entendem que a adesão ao ER abalaria as estruturas dos regimes.

Como justificação para este cenário de afastamento são identificados, desde logo, motivos de natureza formal e política. Entre os primeiros assinalam-se as questões relacionadas com a morosidade da justiça internacional e o alegado excesso de poderes atribuídos ao Procurador[137]; entre os factores políticos importa destacar a denúncia dos Estados africanos da perseguição que lhes é feita[138], a tendencial «politização» da justiça internacional pelas potências ocidentais – através dos tribunais internacionais – e as acusações de que o TPI representa uma «nova forma de imperialismo e colonialismo (...) criado para os Estados africanos»[139], Estados estes que poderão ter-se «transformado num laboratório para testar o Direito Internacional»[140].

Por outro lado, os tribunais *ad hoc* são mais populares entre os Estados africanos, quer pelo carácter limitado dos seus elementos estruturantes, quer pela composição dos órgãos jurisdicionais, quer ainda pelo Direito substantivo aplicável, factores que, em certa medida, podem ser alvo de influência de estadistas africanos que pretendam dar um «cunho local» aos tribunais[141]. Em sede de TPI, não só os Estados perdem esta faculdade, aceitando submeter-se às regras sobre a organização e funcionamento do Tribunal e às regras universais do ER – que proíbe a aposição de reservas[142] – como deixam ainda de ter a possibilidade de fazer depender a transferência de competências para um tribunal internacional através de um pedido endereçado aos órgãos das Nações Unidas.

---

[137] Entende-se que a margem de discricionariedade concedida ao Procurador, na avaliação das situações que devam ser propostas para investigação, prejudica a imparcialidade do Tribunal e constitui um dos principais fundamentos para que alguns Estados africanos acusem o TPI de ser um órgão político, tendo mesmo estado na origem do afastamento dos Estados Unidos com Haia.

[138] O Presidente da Comissão da União Africana, JEAN PING, tem tido, ao longo dos tempos, declarações corrosivas face a Haia, denunciando, até recentemente, a existência de *double standards*, indo mais longe ao acusar o TPI de «*bullying* contra África». Cfr. «AU chief challenges ICC to arrest Sudanese president», *Sudan Tribune*, 24 de Julho de 2010. http://www.sudantribune.com/spip.php?article35748.

[139] *Ibidem.*

[140] Cfr. «Sudan lobbies against Bashir case», *BBC News*, 23 de Setembro de 2008. http://news.bbc.co.uk/ 2/hi/7630071.stm.

[141] Sendo este o caso do TESL. Cfr. nota 38.

[142] Cfr. art. 120º do ER.

Importa ainda fazer referência a um factor, não menos importante, que justifica a resistência dos Estados africanos relacionado com a alegada concentração de poderes excessiva na figura do Procurador, que reduz a possibilidade dos Governos dos países abrangidos pelas investigações do TPI poderem influenciar a evolução das acções do Tribunal, ao contrário do sucedido com os tribunais penais internacionais criados por resolução do Conselho de Segurança.

Por outro lado, a alegada limitação das soberanias dos Estados, agravada pelos «onze pecados capitais do TPI», intensifica a pressão sobre os seus governantes para gerirem a aplicação da justiça nos seus territórios de forma diligente, em parte influenciada pelos padrões ocidentais, motivo que, só por si, oferece a resistência dos Estados africanos à jurisdição do Tribunal, procurando garantir níveis de estabilidade interna que impeçam a ingerência de entidades alheias à estrutura organizacional do Estado.

Porém, se nos primeiros três anos de vigência do ER as relações entre os Estados africanos e o TPI ficaram marcadas pela tolerância dos primeiros à amplitude de jurisdição do segundo – muito contribuindo para isso o facto de os casos sob investigação do Tribunal terem sido denunciados pelos próprios Estados onde decorreram as violações ao Direito Internacional –, a polémica em torno da «situação no Darfur» alterou significativamente o ambiente de paz que caracterizava as relações entre as partes no ER.

Desde logo, assinala-se o facto de o Sudão não ser Estado parte no ER, seguindo o exemplo de outros Estados que assinaram o Estatuto, mas, não só não avançaram para a sua confirmação, como notificaram o Secretário-Geral da ONU da sua retirada, no cumprimento do art. 127º do ER[143].

Por outro lado, a indeterminação em relação aos limites à jurisdição do TPI foi aproveitada politicamente pelo Conselho de Segurança e pelo próprio Tribunal em aplicar um conjunto de regras e princípios que o Sudão entendeu não querer seguir, ilustrando a dualidade de critérios grosseira no tratamento a alguns Estados – nos quais o Tribunal age

---

[143] Entre estes Estados incluem-se os Estados Unidos e Israel. Cfr. mesma fonte nota 87.

contra a vontade dos respectivos Governos – e outros com os quais o TPI compactua, ignorando, não só violações grosseiras ao Direito Internacional Humanitário como dando correspondência às suas solicitações para actuação em determinados Estados.

4. O Tribunal Penal Internacional em África

> «A união do rebanho obriga o leão a ir dormir com fome».[144]

Actualmente, decorrem no TPI sete investigações relacionadas com situações no continente africano – República Democrática do Congo (RDC), Uganda, República Centro Africana (RCA), Darfur (Sudão), Quénia, Líbia e Costa do Marfim –, cada uma delas personifica as três formas possivelmente admitidas pelo ER de assunção de competências pelo Tribunal de Haia[145].

Das sete situações em apreço, dois casos estão a colocar elevada pressão na actuação do TPI, constituindo um teste à credibilidade do Tribunal e à competência do Procurador LUIS MORENO-OCAMPO: o «caso Procurador vs Jean-Pierre Bemba»[146] e o «caso Procurador vs Omar Al Bashir»[147-148]. Estima-se que, pelo menos, um terceiro, emanado da «si-

---

[144] Provérbio africano.
[145] As situações no Uganda, RDC e RCA resultam de denúncias de Estados parte ao Procurador (at. 13º, al. a)); as situações no Darfur e na Líbia, da denúncia do Conselho de Segurança (al. b)); e as de Quénia e Costa do Marfim por iniciativa própria do Procurador (al. c)).
[146] No âmbito da «situação na RCA».
[147] No âmbito da «situação no Darfur (Sudão)».
[148] Cfr. Case «The Prosecutor v. Omar Hassan Ahmad Al Bashir», *International Criminal Court*, s. d.. http://www.icc-cpi.int/menus/icc/situations%20and%20cases/situations/situation%20icc%200205/related %20cases/icc02050109/icc02050109.

tuação no Quénia», reforce o valor acrescido que os dois anteriores revestem para o Tribunal, não só por incidir sobre personalidades da actual elite queniana[149], como por se tratar de uma situação cujas investigações tiveram início por *proprio motu* do Procurador. Contudo, a forma como se vierem desenrolar os primeiros casos no TPI será decisiva para o futuro do Tribunal, não só em África, mas também no plano global.

A interconexão entre três destas investigações (RDC, Uganda e RCA) assume especial importância, na medida em que decorrerem em países integrados na região dos Grandes Lagos e ainda pelo facto de os efeitos de um destes casos tender a reflectir-se nos restantes, não só devido às semelhanças entre os factos investigados, como também, e primordialmente, pelas ligações mantidas entre vários arguidos investigados pelo TPI.

4.1. A «Situação na RDC»

A «situação da RDC» foi a primeira a cair sob a alçada ao TPI, em Abril de 2004[150], após a denúncia formal do Chefe de Estado daquele país, JOSEPH KABILA, relativamente a «crimes incluídos na jurisdição do Tribunal e alegadamente cometidos em território congolês, desde a entrada em vigor do ER»[151]. O TPI aceitou o caso e iniciou as investigações, tendo emitido cinco mandados de detenção internacionais sobre alegados suspeitos da prática de actos tipificados no ER, em Ituri, onde ocorreu uma guerra inter-étnica, em 2003.

---

[149] Designadamente UHURU KENYATTA, vice-Primeiro-Ministro e Ministro das Finanças, WILLIAM RUTO, antigo Ministro da Agricultura e Ministro do Ensino Superior, Ciência e Tecnologia, e HENRY KOSGEY, Ministro da Industrialização. Cfr. «Kenya's post election violence: ICC Prosecutor presents cases against six individuals for crimes against humanity», *International Criminal Court*, 15 de Dezembro de 2010. http://www.icc-cpi.int/NR/exeres/BA2041D8-3F30-4531-8850-431B5B2F4416.htm.

[150] A situação na RDC foi comunicada pelo Presidente deste Estado africano, JOSEPH KABILA, a 19 de Abril de 2004, vindo o TPI a assumir a competência das investigações, a 23 de Junho de 2004.

[151] Cfr. «Prosecutor receives referral of the situation in the Democratic Republic of Congo», *International Criminal Court*, 2004. http://www.icc-cpi.int/menus/icc/press%20and%20media/press%20releases/2004/ prosecutor%20receives%20referral%20of%20the%20situation%20in%20the%20democratic%20republic%20of%20congo?lan=en-GB.

Como resultado das diligências da equipa de Procuradores encontram-se actualmente detidos em Haia três «senhores da guerra» congoleses[152]:

- GERMAIN KATANGA[153] e MATTHIEU NGUDJOLO CHUI[154], ambos acusados de terem cometido, em conjunto, sete crimes de guerra[155] e três crimes contra a humanidade[156], cujo julgamento teve início a 24 de Novembro de 2009[157];
- THOMAS LUBANGA DYILO[158], sobre quem recai a prática de dois crimes de guerra[159], cabendo-lhe a amarga «honra» de ser o visado no

---

[152] O outro suspeito, BOSCO NTAGANDA, encontra-se foragido em parte incerta.

[153] KATANGA será, de acordo com a acusação do TPI, o alegado comandante da *Front de résistance patriotique en Ituri* (FRPI) e, tal como CHUI, está indiciado da prática de actos que configuram a prática de crimes tipificados no ER, os quais terão ocorrido durante e após o ataque à aldeia de Bogoro (na RDC), em 24 de Fevereiro de 2003. Cfr. «Situation in the Democratic Republic of Congo in the case of the prosecutor v. Germaine Katanga and Mathieu Ngudjolo Chui», de 30 de Setembro de 2008, relatado por SILVANA ARBIA, disponível em http://www.icc-cpi.int (http://www.icc-cpi.int/iccdocs/doc/ doc571253.pdf) .

[154] Além dos crimes de que é acusado, CHUI será o alegado comandante da *Front des nationalistes et intégrationnistes* (FNI)

[155] Designadamente, utilizar menores de 15 anos para participar activamente nas hostilidades (art. 8º, nº 2, al. b, xxvi, do ER), atacar intencionalmente a população civil em geral ou civis que não participem directamente nas hostilidades (art. 8º, nº 2, al. b, i), homicídio doloso (art. 8º, nº 2, al. b, i), destruir bens do inimigo (art. 8º, nº 2, al. b, xiii), saquear uma localidade (art. 8º, nº 2, al. b, xvi), escravidão sexual (art. 8º, nº 2, al. b, xxii) e violação (art. 8º, nº 2, al. b, xvi).

[156] Concretamente, homicídio (art. 7º, nº 1, al. a, do ER), violação (art. 7º, nº 1, al. g) e escravidão sexual (art. 7º, nº 1, al. g).

[157] Para mais pormenores sobre a matéria, ver «Case The Prosecutor v. Germaine Katanga and Mathieu Ngudjolo Chui», *International Criminal Court*, s. d.. http://www.icc-cpi.int/ menus/icc/situations%20 and%20cases/situations/situation%20icc%200104/related%20 cases/icc%200104%200107/democratic%20republic%20of%20the%20congo.

[158] LUBANGA será o alegado fundador e líder das milícias *Union des Patriotes Congolais* (UPC), tendo igualmente fundado e exercido funções como Comandante das *Forces patriotiques pour la libération du Congo* (FPLC), entre Setembro de 2002 e, pelo menos, final de 2003.

[159] LUBANGA é acusado de recrutar e alistar menores de 15 anos na FPLC e utilizá-los para participar activamente nas hostilidades no contexto de um conflito armado internacional, de Setembro de 2002 a 2 Junho de 2003 (art. 8º, nº 2, al. b, xxvi, do ER) e de recrutar e alistar menores de 15 anos na FPLC e utilizá-los para participar activamente

primeiro julgamento na história do TPI[160], depois de se ter entregado ao Tribunal[161] e tido o seu caso suspenso por alegadas irregularidades processuais[162].

Apesar de se encontrarem a decorrer os primeiros julgamentos, não deixa de ser gritante a morosidade na aplicação da justiça internacional, factor que resulta em prejuízo dos arguidos[163]. É certo que, sendo estes os primeiros casos do TPI, admite-se que, por estar em jogo a imagem do Tribunal, o grau de complexidade deste caso é considerável.

Porém, não deixa de ser censurável que um Estatuto que se quer respeitador dos Direitos Humanos, como o ER, preveja a violação de direitos fundamentais dos arguidos ao não delimitar um período máximo para manter os arguidos em regime de prisão preventiva. Actualmente, dos três senhores da guerra actualmente detidos em Haia, dois encontram-se detidos preventivamente há mais de três anos[164], sem perspectivas de conclusão do processo no curto prazo.

---

nas hostilidades no contexto de um conflito armado não internacional, entre 2 de Junho de 2003 e 13 de Agosto de 2003 (art. 8º, nº 2, al. b, vii).

[160] Para mais detalhes, ver «Case The Prosecutor v. Thomas Lubanga Dyilo», *International Criminal Court*, s. d.. http://www.icc-cpi.int/menus/icc/situations%20and%20cases/situations/situation%20icc%20 0104/related%20cases/icc%200104%200106/democratic%20 republic%20of%20the%20congo.

[161] A 17 de Março de 2006.

[162] Entre os factores relacionados com questões processuais e formais que comprometem a «situação na RDC», assinalam-se, desde logo, a suspensão do processo por falta de identificação de uma testemunha chave pelo Procurador e pelas dificuldades sentidas pela defesa de THOMAS LUBANGA para aceder ao material confidencial incriminatório recolhido pela ONU e que constituía a principal fonte de prova de OCAMPO contra LUBANGA.

[163] Tal não impede, todavia, que o TPI já tenha feito história ao libertar o primeiro suspeito de um caso sob investigação do Tribunal: a 23 de Dezembro de 2011, CALLIXTE MBARUSHIMANA, líder rebelde ruandês que integrava as FDLR, foi restituído à liberdade por não ter sido reunida prova suficiente que permitisse avançar com a acusação de 5 crimes contra a humanidade e 8 crimes de guerra que lhe eram imputados. Cfr. «The Prosecutor v. Callixte Mbarushimana», *International Criminal Court*, s.d.. http://www.icc-cpi.int/menus/icc/situations%20and%20cases/situations/situation%20icc%200104/related %20cases/icc01040110/icc01040110?lan=en-GB.

[164] THOMAS LUBANGA completou seis anos de detenção preventiva em Março de 2012.

Será, porventura, admissível que o Estatuto apenas considere a libertação dos arguidos que se encontrem detidos «[1] por período não razoável [2] devido a demora injustificada da parte do Procurador» (art. 60º, nº 5)? O legislador podia ter ido mais longe neste preceito e definido um prazo máximo, ou no Tratado, ou nas Regras Procedimentais e de Produção de Prova, não se aceitando que tal responsabilidade esteja sujeita a critérios discricionários do juízo de instrução relativamente ao preenchimento dos dois pressupostos anteriormente referidos por fazer recair sobre o arguido o risco de este cumprir uma pena antes mesmo de ser condenado[165].

No plano político, uma vez mais salta à vista a instrumentalização do TPI por estadistas africanos em benefício próprio, sendo o Chefe de Estado congolês, JOSEPH KABILA, exemplo paradigmático desta realidade por ter chegado ao poder de um país cujas situações política e de segurança apresentavam um elevado grau de dificuldade e volatilidade, sobretudo para um Presidente tão jovem (29 anos).

Derivado do temor de não conseguir controlar um território tão vasto como a RDC, por forma a não manter o clima de impunidade vigente no país e pretendendo afastar aqueles que poderiam atentar contra a sua estabilidade governativa, KABILA não hesitou em denunciar a situação para o TPI, sabendo que, através do Tribunal, teria outros meios para garantir níveis de estabilidade mínimos que o país precisava.

Este argumento ganha mais consistência se se considerar que a *realpolitik* falou mais alto do que a cooperação judiciária internacional, pois, posteriormente, a relação de KABILA com o TPI esmoreceu quando o Presidente congolês recusou proceder à detenção de BOSCO NTAGANDA – personalidade sobre quem impende um mandado de detenção do TPI, desde 22 de Agosto de 2006 – integrando-o nas Forças Armadas congolesas e promovendo-o a General[166].

---

[165] Os quase cinco anos de detenção preventiva de THOMAS LUBANGA não deixam de ser chocantes, independentemente do grau de culpa do agente que se venha a dar como provado em sede de julgamento.

[166] A indiferença de KABILA mereceu a formulação de um pedido da ONG *Human Rights Watch* (HRW) a JOSEPH KABILA e à Secretária de Estado norte-americana, HILLARY CLINTON, no sentido de pressionar as autoridades congolesas a deter NTAGANDA, sem sucesso. Já recentemente, o Governo da RDC rejeitou expressamente entregar NTAGAN-

As fragilidades do TPI são ainda por demais evidentes na constatação de que permanecem em liberdade os autores materiais dos crimes pelos quais os ora arguidos são julgados, permanecendo os executores numa «região cinzenta» na qual o Tribunal não actua e as autoridades locais assumem-se igualmente incapazes de o fazer. Por este motivo, questiona-se até que ponto o TPI será verdadeiramente eficaz para garantir o respeito pelos Direitos Humanos nos países que não dispõem de instituições suficientemente capazes para julgar os seus violadores.

4.2. A «Situação no Uganda»

Ainda no ano de 2004 foram iniciadas as investigações do TPI relativamente à «situação no Uganda»[167], no âmbito da qual o Governo ugandês, liderado pelo Presidente YOWERI MUSEVENI, tirou vantagem do facto de o seu país ser Estado parte no ER para denunciar as acções do *Lord's Resistance Army* (LRA)[168]. Este grupo rebelde desencadeava, desde 1987, uma oposição armada ao poder político em exercício, pugnando o seu propósito por uma suposta libertação das populações do norte do Uganda de etnia acholi, as quais, paradoxalmente, sempre foram as principais vítimas das actividades do LRA[169].

DA ao TPI. Cfr. KENNETH ROTH, «Letter to President Kabila: Arrest Bosco Ntaganda», *Human Rights Watch*, 1 de Fevereiro de 2009. http://www.hrw.org/en/news/2009/02/01/letter-president-kabila-arrest-bosco-ntaganda; GEORGETTE GAGNON, RICHARD DECKER, «Urge the Congolese Authorities to Arrest ICC Suspect Bosco Ntaganda», *Human Rights Watch*, 5 de Fevereiro de 2009. http://www.hrw.org/en/news/2009/02/05/urge-congolese-authorities-arrest-icc-suspect-bosco-ntaganda; EUGENE ANANGWE, «DRC rejects call to arrest Bosco Ntaganda», *Radio Netherlands Worldwide*, 15 de Outubro de 2010. http://www.rnw.nl/africa/article/drc-rejects-calls-arrest-bosco-ntaganda.

[167] A «situação no Uganda», registada com a referência ICC-02/04, foi proposta pelo Presidente ugandês, YOWERI MUSEVENI, em Dezembro de 2003, tendo sido aceite pelo TPI em 29 de Julho de 2004.

[168] Cfr. «President of Uganda refers situation concerning the Lord's Resistance Army (LRA) to the ICC», *International Criminal Court*, 29 de Janeiro de 2004. http://www.icc-cpi.int/menus/icc/press%20and%20media/press%20releases/2004/president%20of%20uganda%20refers%20situation%20concerning%20the%20lord_s%20resistance%20army%20_lra_%20to%20the%20icc?lan=en-GB.

[169] Para uma caracterização mais pormenorizada do LRA, ver «Lord's Resistance army (LRA)», *Sudan Human Security Baseline Assessment*, actualizado em Novembro de 2010.

No âmbito das investigações do TPI, o principal alvo de MORENO-OCAMPO é JOSEPH KONY[170], que está acusado da prática de um total de 33 crimes contra a Humanidade e crimes de guerra, desde 1 de Julho de 2002, neles incluindo-se o recrutamento forçado de mais de 25 mil crianças soldado[171]. KONY recusa-se a assinar o Acordo de Paz Final (APF), invocando como principal fundamento a existência de um mandado de detenção emitido pelo TPI contra si e mais três Comandantes militares do LRA: VINCENT OTTI[172], OKOT ODHIAMBO[173] e DOMINIC ONGWEN[174], dos quais nenhum se encontra detido pelo TPI.

Apesar de várias personalidades do Uganda – entre os quais líderes políticos, religiosos e chefes locais do norte do país – afirmarem que a acção do TPI prejudica a assinatura do APF por JOSEPH KONY[175], o Procurador mantém-se intransigente, exigindo a detenção do líder rebelde e pressionando os países da região que sejam parte no ER a cooperarem com o Tribunal[176], ainda que uma amnistia tenha sido decretada

---

http://www.smallarmssurveysudan.org/pdfs/facts-figures/armed-groups/southern-sudan/HSBA-Armed-Groups-LRA.pdf.

[170] JOSEPH KONY, Comandante do LRA, é um antigo acólito cristão que alega ter poderes especiais delegados pelo Espírito Santo para liderar uma bizarra rebelião que no passado terá chegado a reunir vários milhares de combatentes nas suas fileiras.

[171] KONY é acusado de 33 crimes de guerra e contra a humanidade. Cfr. «Warrant of Arrest for Joseph Kony issued on 8th July 2005 as amended on 27th September 2005», de 27 de Setembro de 2005 (Processo nº ICC-02/04-01/05), relatado por BRUNO CATHALA, disponível em http://www.icc-cpi.int (http://www.icc-cpi.int/iccdocs/doc/ doc97185.PDF).

[172] Segundo na hierarquia do LRA. Apesar de ter sido dado como morto pelo LRA, em 2008, o TPI mantém um mandado de detenção sobre VINCENT OTTI. Cfr. «Uganda's LRA confirm Otti death», BBC News, 24 de Janeiro de 2008. http://news.bbc.co.uk/2/hi/africa/7204278.stm; «Warrant of Arrest for Vincent Otti», de 8 de Julho de 2005 (Processo nº ICC-02/04-01/05), relatado por BRUNO CATHALA, disponível em http://www.icc-cpi.int (http://www2.icc-cpi.int/iccdocs/doc/doc97189.PDF).

[173] Alegado Comandante adjunto do corpo militar do LRA.

[174] Alegado Comandante de Brigada do LRA.

[175] Cfr. «IJR Uganda Country Profile May 2010», Institute for Justice and Reconciliation, s. d.. http://www.ijr.org.za/publications/pdfs/IJR%20-%20Uganda%20Profile_Greater%20Horn%20May%20 2010.pdf.

[176] Importa recordar que, a 22 de Outubro de 2008, OCAMPO solicitou ao Governo da RDC que informasse o Tribunal sobre o tipo de medidas que está a tomar com vista à execução dos mandados de detenção. Neste quadro, as autoridades congolesas condu-

em favor do LRA, tendo em vista motivar a sua liderança a aceitar a reintegração na sociedade.

Assim, conclui-se que a actuação do TPI na «situação do Uganda»:

- Não só não pôs cobro à actividade do LRA, como concorreu para o escalar da violência na região, ao afastar os rebeldes do processo de paz e espalhar o terror sobre outros povos[177], contrariando as expectativas em torno do contributo do TPI «para a prevenção de tais crimes»[178]. Sendo que o LRA evidencia preferência pelo Sudão[179], e não sendo este Estado parte no ER, Cartum não está obrigado a cooperar com Haia[180], garantindo total impunidade e liberdade de acção aos agentes visados pelo Tribunal;

---

ziram, a 14 de Dezembro de 2008, uma ofensiva militar contra os bastiões do LRA no parque Natural do Garamba, na RDC, facto que, uma vez mais, consubstancia a vontade dos Estados africanos em cooperar com Haia, quando esta cooperação beneficia a estabilidade dos regimes dominantes.

[177] Prova disso são os ataques perpetrados pelo LRA de Novembro de 2008 até aos dias de hoje no sul do Sudão, na RDC e na RCA, estes últimos com particular incidência no lado sul-sudanês. Cfr. LEDIO CAKAJ, «Top LRA commander moves to southern Sudan», *The Christian Science Monitor*, 10 de Setembro de 2010. http://www.csmonitor.com/World/Africa/Africa-Monitor/2010/0910/Top-LRA-commander-moves-to-southern-Sudan; RICHARD RUATI, «Ugandan rebels kill 4 civilians in South Sudan's Nzara», *International News Safety Institute*, 14 de Novembro de 2009. http://www.newssafety.org/index.php?option=com_content&view=article&id=16506:ugandan-rebels-kill-4-civilians-in-south-sudans-nzara-official&catid=45:sudan-security&Itemid=100255; «MSF confirms LRA attack on village in northern DRC», *Doctors Without Borders*, 16 de Março de 2009. http://www.doctorswithoutborders.org/press/release.cfm?id=3497&cat=press-release.

[178] Cfr. preâmbulo da versão portuguesa do ER.

[179] A apatia de Cartum relativamente ao LRA deve-se ao facto de, no passado, o regime sudanês ter apoiado o movimento no combate ao *Sudan People's Liberation Army* (SPLA), exército do Sul, tendencialmente animista, que mantém forte rivalidade com o Norte muçulmano que controla o país.

[180] Embora o Sudão não fosse parte efectiva no ER – por não ter confirmado este estatuto através dos vários instrumentos disponíveis para o efeito –, o Governo de Cartum assinou o Estatuto a 8 de Setembro de 2000 e só notificou o Secretário-Geral da ONU da sua decisão de não fazer parte do Estatuto a 27 de Agosto de 2008, pelo que, até esta data, podemos entender que o Sudão deveria «abster-se de actos que privem um Tratado do seu objecto ou do seu fim», como sejam a protecção a grupos rebeldes sobre os quais recaem

- É uma acção marcadamente tendenciosa, por focar-se exclusivamente nos crimes cometidos pelo LRA e negligenciar alegados crimes cometidos pelas autoridades ugandesas, como forma de obter o apoio do Governo local para deter e entregar os rebeldes à justiça do Tribunal. Tal constitui um claro sinal do pragmatismo de Haia[181], sendo revelador de que a justiça e a prevenção dos crimes previstos no ER podem ser alvo de negociação e relegados para segunda prioridade quando está em causa a cooperação de uma parte interessada[182];
- Reforça os receios sobre a tipologia de padrões que o TPI utiliza para aferir a devida aplicação da justiça por um Estado parte[183], ao entender como insuficiente a amnistia decretada pelo Presidente YOWERI MUSEVENI aos rebeldes, como forma de motivá-los a porem fim ao conflito, mesmo sabendo que tal poderia constituir uma vitória pírrica para o Governo ugandês[184];
- Compromete os esforços de paz do país[185], pois impõe a necessidade de «fazer justiça» – enquanto meio para sancionar actos

mandados de detenção de um órgão estabelecido por força do ER, ao abrigo do art. 18º, al. a) da Convenção de Viena, de 1969, ratificada pelo Sudão, em 18 de Abril de 1990.

[181] Entre outras ONG, a Amnistia Internacional denunciou a prática de crimes previstos no ER pelas autoridades ugandesas no combate ao LRA, sem que tais denúncias tenham sido consideradas pelo Procurador. Cfr. «Uganda: First steps to investigate crimes must be part of comprehensive plan to end impunity», *International Amnesty*, 30 de Janeiro de 2004. http://www.iccnow.org/documents/01.30-AI-Uganda.pdf.

[182] Aqui, mais do que nunca, está patente o mandamento «mais vale um mau acordo que uma boa demanda». Contudo, a sua aplicação torna dúbia a aplicação da justiça, fazendo-a depender de critérios políticos, na medida em que a Comunidade Internacional tende a manifestar apoio por uma das partes em conflito, o que nem sempre incide sobre o poder político.

[183] Cfr. nota 59.

[184] Apesar de aceitar a impunidade dos prevaricadores, subsistirão dúvidas sobre se os resultados se revelariam benéficos no médio/longo prazo dada a possibilidade de concorrerem para o fim da luta armada.

[185] É disso exemplo a hipótese descrita na nota anterior, pois a referida ofensiva, ao pôr fim ao cessar-fogo que vigorava há 29 meses, teve como significado o colapso do processo de paz, concorrendo mesmo para o agravamento da situação securitária e humanitária na região, prova cabal das dificuldades no cumprimento dos mandados de detenção do TPI e dos possíveis efeitos perversos da sua emissão.

cometidos no passado – acima da necessidade de impedir catástrofes humanitárias no presente, apoiando as iniciativas de paz do Uganda[186];
- Uma vez mais fica patente (i) a tendência inicial de instrumentalização política dos estadistas africanos para recorrerem ao Tribunal quando é necessário ganhar ascendente sobre potenciais agentes da ameaça ao seu regime; e (ii) a crescente desmotivação africana face ao TPI quando os Governos perdem o total controlo das situações e deixam de influenciar o decurso das investigações, bem como a evolução dos esforços de paz.

4.3. A «Situação na RCA»

Após a abertura das situações na RDC e no Uganda, em 2005 foram submetidas à avaliação do TPI duas novas situações para apreciação, a primeira das quais incidia sobre os acontecimentos na RCA[187]. Em Março de 2002, as forças do *Mouvement de Liberátion du Congo*[188] (MLC) conquistaram a localidade de Isiro (RDC) e, em Outubro de 2002, lançaram uma ofensiva contra Mambasa (RDC), denominada effacer le tableau, com o objectivo de assumir o controlo do eixo economicamente activo de Beni-Butembo.

Quando o MLC tomou Mambasa, a 12 de Outubro de 2002, a violência na RDC já atingia registos sem precedentes. As violações dos Direitos Humanos nesta localidade afectaram todos os seus habitantes, os quais foram vítimas de violações, pilhagens e trabalhos forçados, ficando privados de infra-estruturas destruídas pelos rebeldes. É neste momento, Outubro de 2002, que JEAN-PIERRE BEMBA GOMBO responde ao pedido do então Presidente centro-africano, ANGE-FELIX

---

[186] Sobre este tema, ver TIM ALLEN, «War and Justice in Northern Uganda: an Assessment of the International Criminal Court's Intervention», *Crisis States Research Centre*, Fevereiro de 2005. http://www.crisisstates.com/download/others/AllenICCReport.pdf.

[187] Registada com a referência ICC-01/05, a «situação na República Centro Africana» foi investigada pelo TPI após denúncia do Governo centro-africano ao Tribunal, a 7 de Janeiro de 2005, a qual viria a aceitar a 22 de Maio de 2007.

[188] Alegadamente liderado por JEAN-PIERRE BEMBA, o MLC é um antigo grupo rebelde congolês cuja área de operações se resumia, essencialmente, ao norte do país. Posteriormente, o MLC foi registado como partido político.

PATASSÉ, e destaca elementos das suas forças rebeldes para apoiarem as tropas centro-africanas contra um grupo rebelde liderado pelo actual Chefe de Estado da RCA, FRANÇOIS BOZIZÉ[189].

O processo judicial contra BEMBA foi iniciado através de uma denúncia apresentada junto do TPI, em Fevereiro de 2003, pelo *Groupe d'Action Judiciaire* (GAJ) – integrado na ONG *Fédération International des Ligues des Droits de l'Homme* (FIDH)[190] –, sobre a situação na RCA, com o objectivo de tornar públicas as violações ao Direito Humanitário Internacional cometidas pelos agentes[191]. Esta denúncia seria reforçada com o envio, para o TPI, do processo e de todo o material probatório recolhido pelo novo Governo da RCA, liderado por FRANÇOIS BOZIZÉ[192].

De acordo com a prova produzida[193], os mercenários de BEMBA semearam o terror em Bangui, capital da RCA, onde massacraram, mutilaram, mas, sobretudo, violaram centenas de mulheres, crianças e homens, sendo o alegado líder rebelde acusado pelo TPI de ter praticado dois

---

[189] Posteriormente, em Dezembro de 2002, as forças do MLC prosseguiram a sua ofensiva militar em direcção a Beni, aliando-se, nesta data, à *Union des Patriotes Congolais* (UPC) de THOMAS LUBANGA.

[190] Fazem parte da FIDH duas ONG da RCA: *Ligue Centrafricaine des Droits de l'Homme* (LCDH) e a *Organisation pour la compassion et le développement des familles en Dértresse* (OCODEFAD), que colaboraram desde o início nas investigações e na preparação dos relatórios.

[191] Esta denúncia não visava particularmente JEAN-PIERRE BEMBA, antes as atrocidades cometidas, genericamente, na RCA.

[192] A reacção do governo da RCA foi provocada por dois factores: por um lado, por via da pressão política e mediática exercida pela FIDH, e, por outro, pelo vislumbrar de uma oportunidade para incriminar o Presidente deposto, ANGE-FÉLIX PATASSÉ, e, assim, afastar do país o seu inimigo político-militar.

[193] As diligências desenvolvidas por OCAMPO, no âmbito da «situação na RCA», foram complexas, demoradas (5 anos) e amplamente publicitadas. Embora sustentado nas diligências das ONG presentes no terreno, durante os anos de 2007 e 2008, o Procurador recolheu depoimentos junto de antigos colaboradores de BEMBA e figuras políticas proeminentes e personalidades que integravam os quadros da MLC à data da prática dos factos, e que saíram do MLC em ruptura com Bemba. A detenção do líder rebelde, a 24 de Maio de 2008, na Bélgica, foi possível graças à cooperação entre o TPI e os Estados parte, entre os quais Portugal, dado que BEMBA era presença assídua em território nacional.

crimes contra a humanidade[194] e três crimes de guerra[195], durante o exercício do comando militar do MLC.

A acção do TPI na «situação na RCA» converge com as da RDC e do Uganda por, uma vez mais, gerar um consentimento tácito dos actores políticos congoleses relativamente à detenção de um cidadão nacional – JEAN-PIERRE BEMBA –, algo que se deve ao facto de a elite local sair beneficiada com o afastamento de BEMBA da política congolesa, sendo o principal beneficiado o Presidente KABILA, que vê um rival seu afastado da contenda política e a oposição à deriva[196].

Todavia, é por demais evidente uma tentativa de OCAMPO em diversificar a sua linha de acção na situação centro-africana, quando comparada com as de RDC e Uganda, na medida em que:

- Se as investigações nos últimos incidiram, essencialmente, em crimes de guerra, com o recurso a menores, a da RCA recai, mormente, em crimes sexuais, procurando reforçar-se a importância que tais actos revestem para o Direito Internacional no século XXI;
- As acusações incidem sobre uma personalidade proeminente com peso na política interna – JEAN-PIERRE BEMBA foi vice-Presidente da RDC – e não em militares e líderes rebeldes, como sucedia nos casos anteriores;
- Este é o primeiro caso do Tribunal que julga a responsabilidade de um superior hierárquico sobre actos praticados pelos que estão sobre a sua autoridade e controlo;
- Trata-se do primeiro julgamento internacional de crimes de guerra, de toda a história, em que o colectivo de juízes é exclusivamente

---

[194] Designadamente, violação (art. 7º, nº 1, al. g)) e homicídio (art. 7º, nº 1, al. a)). Cfr. «Information on the case The Prosecutor vs Jean-Pierre Bemba Gombo – Case nº ICC-01/05-01/08», *International Criminal Court*, actualizado a 2 de Dezembro de 2010. http://www.icc-cpi.int/iccdocs/PIDS/publications/BembaEng.pdf.

[195] Nomeadamente, violação (art. 8º, nº 2, al. e), vi), homicídio (art. 8º, nº 2, al. c), i) e saquear um aglomerado populacional ou um local (art. 8º, nº 2, al. e), v).

[196] O exílio de BEMBA na Europa e a incógnita quanto ao seu regresso à RDC estariam a provocar alguma apreensão na política congolesa e a aumentar os receios sobre a instabilidade que o seu regresso poderia provocar em Kinshasa.

do sexo feminino[197], o que ilustra os esforços do ER em contrariar práticas do passado ao visar o equilíbrio e a igualdade de género no exercício de funções jurisdicionais[198].

Face à conjuntura descrita, o «caso BEMBA» reveste uma importância ímpar, na medida em que uma eventual sentença absolutória ou uma pena «não exemplar» poderia abalar a credibilidade de um Tribunal que tem, neste caso, a oportunidade para demonstrar que a justiça internacional não conhece hierarquias ou cargos oficiais, aplicando-se em igual medida para todos, concorrendo para o efeito preventivo e dissuasor pretendido no que à repetição de novos actos beligerantes na região diz respeito.

4.4. A «Situação no Sudão»

A segunda situação reportada ao TPI, em 2005, denuncia os acontecimentos ocorridos no Darfur desde 1 de Julho de 2002[199]. Esta situação é diferente das demais por (i) ter sido denunciada pelo Conselho de Segurança da ONU, à luz da faculdade que lhe é reconhecida pelo art. 13º, al. b) do ER; (ii) incidir sobre um Estado que não é parte no Esta-

---

[197] Designadamente, SYLVIA STEINER, do Brasil, que preside ao julgamento, KUNIKO OZAKI, do Japão, e JOYCE ALUOCH, do Quénia.

[198] Estes esforços de igualdade de género estão presentes no art. 36º, nº 8, al. a), iii, do ER, onde se refere «Na selecção dos juízes, os Estados Partes ponderarão sobre a necessidade de assegurar que a composição do Tribunal inclua: (...) Uma representação equitativa de juízes do sexo feminino e do sexo masculino».
Contudo, ainda que esta tendência seja de louvar, não deixa de provocar alguma perturbação o facto de o colectivo de juízes ser composto exclusivamente por mulheres – comprometendo a representação equitativa de género – quando estão em causa, mormente, crimes sexuais. Ademais, tal facto é ainda passível de comprometer a imagem e a credibilidade do Tribunal, por levantar questões sobre a garantia decorrente do princípio do juiz natural, por se entender que, quando estão em causa crimes sexuais sobre as mulheres, poderá haver o risco destas analisarem tais crimes com outra sensibilidade diferente da dos homens, pois são as mulheres que constituem, habitualmente, o maior número de vítimas destes crimes.

[199] Registada com a referência ICC-02-05, a «situação no Darfur» foi remetida a 31 de Março de 2005, pelo Conselho de Segurança, sendo aceite pelo TPI, a 6 de Junho de 2005.

tuto, embora o tivesse assinado à altura do início das investigações[200]; e (iii) visar um Chefe de Estado em exercício.

Assim, a 18 de Setembro de 2004, e após manifestar preocupação com o incumprimento do Sudão na execução de medidas às quais estava vinculado por força de resoluções anteriores[201], o Conselho de Segurança constituiu uma Comissão Internacional de Inquérito para o Darfur (CIID)[202], para «investigar as denúncias de alegadas violações ao direito internacional humanitário e aos Direitos Humanos no Darfur, por todas as partes envolvidas, a fim de determinar a ocorrência de actos de genocídio e identificar os seus autores, com o objectivo de responsabilizá-los»[203].

Em Janeiro de 2005, a CIID anunciou que compilou uma lista com os nomes de 51 personalidades suspeitas da prática de crimes contra o Direito Internacional[204], recomendando que «o Conselho de Segurança denuncie imediatamente a situação ao TPI»[205], o que viria a suceder a 31 de Março de 2005[206], tendo o Tribunal iniciado as investigações a 6 de Junho de 2005.

Este evento provocou reacção imediata do Governo sudanês que, no dia seguinte, ordenou a criação de tribunais especiais internos para investigarem e julgarem os actos cometidos no Darfur, de modo a aplicar a sua justiça, garantir a complementaridade do TPI e darem provas à Comunidade Internacional sobre a sua capacidade para gerirem a questão[207]. Contudo, estes tribunais seriam duramente criticados, por serem considerados insuficientes, incidirem sobre crimes pontuais no

---

[200] Cfr. nota 180.
[201] Sobretudo, pela Resolução 1556 (2004) do Conselho de Segurança da ONU.
[202] Por via da Resolução 1564 (2004) do Conselho de Segurança da ONU.
[203] Tradução da nota 12 da Resolução 1564 (2004).
[204] Cfr. «Report of the International Commission of Inquiry on Darfur to the United Nations Secretary-General – Pursuant to Security Council Resolution 1564 of 18 September 2004», *Organização das Nações Unidas*, 25 de Janeiro de 2005, ponto 644, p. 161. http://www.un.org/News/dh/sudan/com_inq_darfur.pdf.
[205] Tradução do texto original. Cfr. mesma fonte nota anterior.
[206] Através da Resolução 1593 (2005) do Conselho de Segurança da ONU.
[207] Cfr. «SUDAN: Judiciary challenges ICC over Darfur cases», *Integrated Regional Information Networks*, 24 de Junho de 2005. http://ww.irinnews.org/report.aspx?reportid=55068.

Darfur, negligenciarem crimes de guerra e de genocídio e envolverem militares de baixas patentes[208].

Neste sentido, e no seguimento das investigações do TPI, o Procurador acusou, a 27 de Fevereiro de 2007, o então Ministro de Estado sudanês para os Assuntos Humanitários, AHMAD MUHAMMAD HARUN[209], e o líder das milícias Janjaweed, ALI MUHAMMAD ALI ABD-AL-RAHMAN (ALI KUSHAYB), de praticarem crimes de guerra e crimes contra a humanidade contra a população civil na região do Darfur[210][211].

Mais tarde, a 14 de Julho de 2008, o Procurador MORENO-OCAMPO requereu a emissão de um mandado de detenção contra o Presidente do Sudão, OMAR AL BASHIR, indiciando-o de autoria ou co-autoria

---

[208] Para uma análise mais profunda às reacções a estes tribunais, vide «Third Report of the Prosecutor of the International Criminal Court to the UN Security Council Pursuant to UNSCR 1593 (2005)», *American NGO Coalition for the ICC*, 14 de Junho de 2006. http://www.amicc.org/docs/OTP_Report UNSC_3-Darfur_English.pdf; «Lack of Conviction: The Special Criminal Courts on the Events in Darfur», *Human Rights Watch*, Junho de 2006. disponível em http://www.hrw.org/backgrounder/ij/ sudan0606/sudan0606.pdf.

[209] Indiferente à emissão do mandado de detenção sobre AHMED HARUN, o Presidente OMAR AL BASHIR manteve-o no cargo de Ministro de Estado para os Assuntos Humanitários até Maio de 2009, nomeando-o, em Setembro de 2007, para liderar as investigações às violações de Direitos Humanos no Darfur e, em 2009, para o cargo de Governador do estado de Kordofan do Sul. Cfr. «War crimes suspect heads Sudan post», *Al Jazeera*, 8 de Maio de 2009, http://english.aljazeera.net/news/africa/2009/05/ 20095813597168530.html.

[210] AHMED HARUN é acusado de, entre Abril de 2003 e Setembro de 2005, ter cometido 51 crimes, nomeadamente de (i) ter conhecimento das atrocidades cometidas contra a população darfuri e dos meios utilizados e (ii) instigar à prática de tais actos, enquanto exerceu funções como Ministro do Interior, sendo responsável pelo Departamento de Segurança do Darfur e pela coordenação dos órgãos de contra-insurreição, incluindo Polícia, Forças Armadas, Serviços de Informações e as milícias *Janjaweed*. Cfr. «Situation in Darfur, Sudan, in the case of The Prosecutor v. Ahmad Muhammad Harun ("Ahmad Harun") and Ali Muhammad Al Abd-Al-Rahman ("Ali Kushayb") – Warrant of Arrest for Ahmed Harun», de 27 de Abril de 2007 (Processo nº ICC-02/05-01/07), relatado por BRUNO CATHALA, disponível em http://www.icc-cpi.int (http://www.icc-cpi.int/iccdocs/doc/doc279813.PDF).

[211] ALI KUSHAYB é acusado de, entre Agosto de 2003 e Março de 2004, ter cometido 51 crimes na qualidade de superiores elevado na hierarquia tribal da localidade de Wadi Salih, membro das *Popular Defense Forces* (PDF) e líder de milícias *Janjaweed*. Cfr. mesma fonte nota anterior.

mediatas – na qualidade de Chefe de Estado e Comandante Supremo das Forças Armadas sudanesas – pela prática de cinco crimes contra a humanidade e dois crimes de guerra, no Darfur, entre Março de 2003 e 14 de Julho de 2008 – pedido este que só seria autorizado pelo TPI a 4 de Março de 2009[212] e ao qual viria a acrescentar mais três crimes de genocídio, a 12 de Julho de 2010[213-214].

---

[212] Cfr. «Situation in Darfur, Sudan, in the case of The Prosecutor v. Omar Hassan Ahmad Al Bashir ("Omar Al Bashir") – Warrant of Arrest for Omar Hassan Ahmad Al Bashir», de 4 de Março de 2009 (Processo nº ICC-02/05-01/09), relatado por SILVANA ARBIA, disponível em http://www.icc-cpi.int (http://www.icc-cpi.int/iccdocs/doc/doc639078.pdf).

[213] Cfr. «Situation in Darfur, Sudan, in the case of The Prosecutor v. Omar Hassan Ahmad Al Bashir ("Omar Al Bashir") – Warrant of Arrest for Omar Hassan Ahmad Al Bashir», de 13 de Julho de 2010 (Processo nº ICC-02/05-01/09), relatado por SILVANA ARBIA e DIDIER PREIRA, disponível em http://www.icc-cpi.int (http://www.icc-cpi.int/menus/icc/situations%20and%20cases/situations/situation %20icc% 200205/related%20cases/icc02050109/court%20records/chambers/ptci/95?lan=en-GB).

[214] Posteriormente, a 7 de Maio e 27 de Agosto de 2009, o TPI emitiria mandados de detenção contra três líderes rebeldes do *Justice and Equality Movement* (JEM) – BAHAR IDRISS ABU GARDA, ABDALLAH BANDA ABAKAER NOURAIN e SALEH MOHAMMED JERBO JAMUS –, por, alegadamente, terem ordenado e participado num ataque que provocou a morte de 12 soldados da União Africana. Os três entregaram-se, voluntariamente, ao Tribunal, tendo sido arquivado o caso contra ABU GARDA. Cfr. MARIETTE LE ROUX, «Sudan rebel leaders surrender to ICC», *Mail & Guardian online*, 17 de Junho de 2010. http://www.mg.co.za/article/2010-06-17-sudan-rebel-leaders-surrender-to-icc; «Case The Prosecutor v. Bahar Idriss Abu Garda», *International Criminal Court*, s. d.. http://www.icc-cpi.int/menus/icc/situations %20and%20cases/situations/situation%20icc%200205/related%20cases/icc02050209/icc02050209. Finalmente, a 1 de Março de 2012, foi emitido mandado de detenção contra ABDEL RAHEEM MUHAMMAD Hussein – Ministro da Defesa Nacional à data da emissão do mandado e antigo Ministro do Interior e Representante Especial do Presidente do Sudão no Darfur –, sendo acusado de coautoria moral de (i) crimes contra a Humanidade como perseguição de um grupo ou colectividade, homicídio, transferência à força de uma população, violação, outros actos desumanos, prisão ou outra forma de privação da liberdade física grave e tortura; (ii) crimes de Guerra, designadamente homicídio, atacar intencionalmente a população civil, destruição de bens, violação, saqueamentoe ultrajes à dignidade da pessoa.

A situação no Sudão levanta diversas questões relativamente ao TPI, todas elas potenciadas pela aprovação da Resolução 1593 (2005)[215], que desencadeia o conjunto de eventos atrás referidos. Desde logo, questiona-se a legitimidade de um órgão – cuja maioria dos membros com poder decisório permanente (os P5) não são parte no ER – para denunciar uma situação ao Procurador, permitindo, por esta via, uma ampliação automática da competência territorial do Tribunal para Estados que não pretenderam ser parte do Estatuto.

Afinal, de que vale um Estado manifestar a sua vontade em querer ou não ser parte do ER, se esta vontade estará sempre viciada por estar condicionada ao que o Conselho de Segurança decidir?

Poder-se-á falar em verdadeira soberania dos Estados quando, por vontade de um órgão elitista, como o Conselho de Segurança, qualquer Estado poderá acabar vinculado às regras de um Tratado que não só não quis ratificar como manifestou, embora a *posteriori*, vontade de se retirar?

Entendemos que a resposta a estas duas perguntas seja negativa, importando referir que o Conselho de Segurança, ao decidir unilateralmente sobre a sujeição de um Estado ao ER, parece agir em desconformidade com a regra elementar do Direito dos tratados de que «um tratado não cria obrigações nem direitos para um terceiro Estado sem o consentimento deste» (art. 34.º da Convenção de Viena)[216].

Assim, a previsão do princípio *pacta tertiis nec nocent nec prosunt* na Convenção de Viena, e consequente aplicação ao ER, tem como base inspiradora o princípio da igualdade soberana dos Estados, não estando em questão o caso de uma qualquer norma do ER que seja reconhecida como norma consuetudinária, tornando-se obrigatória para terceiros Estados[217].

Neste quadro, importa perguntar como será possível exigir ao Sudão que cumpra de boa fé um tratado que lhe é imposto e que viola, claramente, a sua soberania? Entende-se que esta questão poderia ser ultra-

---

[215] Esta resolução seria aprovada com 11 votos favoráveis, incluindo os de Benim e Tanzânia – membros não permanentes do Conselho de Segurança na altura – e as abstenções de Estados Unidos, China, Argélia e Brasil.
[216] Cfr. JORGE MIRANDA, op. cit., pp. 81 e 82.
[217] *Ibidem*.

passada através da aplicação das convenções relativas à prevenção e repressão dos crimes de genocídio, crimes de guerra e crimes contra a humanidade que integram o Direito Consuetudinário Internacional, logo, de aplicação universal, forçando o seu cumprimento por Estados que não são parte no ER.

Outra questão pertinente prende-se com a abordagem das instâncias internacionais à situação no Darfur. Sendo uma das grandes preocupações dos Estados a forma como o ER pode afectar a sua soberania – o que, em Estados com regimes tendencialmente autoritários ou de partido único, ganha maiores proporções –, a redução do *ius puniendi* tende a ser visto como uma ameaça e uma tentativa de descredibilização do poder vigente. A emissão de um mandado de detenção contra um nacional de um Estado que não reconheça o órgão emissor como autoridade, não só afecta a estabilidade política do país destinatário como desautoriza quem é reconhecido como autoridade máxima nacional.

Ora, este circunstancialismo potencia a que os mais altos quadros do Estado adoptem uma atitude hostil e desafiem a entidade que os desautoriza, pretendendo, assim, manter os índices de respeitabilidade e credibilidade internas e procurando o reforço da sua soberania. Quererá, pois, o regime vigente no Sudão, aplicar a sua forma de justiça, formada de acordo com os seus padrões, cultura e valores, e recusar-se-á, com naturalidade, a aceitar a aplicação de soluções e critérios entendidos como contrários aos seus valores religiosos e à sua organização política e social.

Por este motivo, e seguindo o entendimento de Antonio Cassese, entendemos que teria sido mais prudente se o Procurador tivesse notificado aqueles sobre quem recaem actualmente mandados de detenção, a prestarem declarações e não a intimá-los a comparecer perante uma autoridade[218] que, reitere-se, não é reconhecida pelo Sudão, por nunca este Estado ter sido parte no ER.

---

[218] Cfr. Antonio Cassese, «Giustizia impossibile», *La Repubblica*, 5 de Março de 2009. http://www.repubblica.it/2009/03/sezioni/esteri/bashir-mandato-cattura/cassese-bashir/cassese-bashir.html.

Por este motivo, uma vez mais terá razão ANTONIO CASSESE ao qualificar uma eventual detenção de AL BASHIR como «justiça impossível», justificando que o mandado de detenção «só pode ser executado no Sudão e apenas se BASHIR autorizar os seus oficiais a prendê-lo»[219], o que se estende aos restantes envolvidos na «situação do Darfur», questionando-se a eficácia do braço-de-ferro iniciado pelo Procurador e agravado pelos juízes que emitiram os mandados. Mais do que um mero não reconhecimento de jurisdição, o TPI é agora usado por BASHIR como demonstração de força, aproveitando, através da sua resistência ao ER, para transmitir uma imagem de invencibilidade ao povo sudanês e ao continente africano, mesmo apesar das pressões internacionais.

Uma última, e não menos interessante, questão diz respeito à alegada imunidade de AL BASHIR enquanto Chefe de Estado do Sudão, facto que motiva a contestação de muitos Estados africanos que invocam a proibição da detenção em virtude de o Sudão não só ser parte no ER como se lhe aplica o regime geral das imunidades diplomáticas, recusando a aplicação do art. 27º do Estatuto, indiferente à qualidade de AL BASHIR.

Esta questão, embora polémica, encontra resposta na doutrina, que, unanimemente, entende estarem verificadas as excepções ao princípio da imunidade de que gozam os altos funcionários dos Estados quando estes são sujeitos a tribunais internacionais cuja jurisdição resulta da aplicação de um tratado ao Estado visado, como é disso exemplo o ER aos que são parte dele[220].

Todavia, se alguma doutrina mantém este problema em aberto, alegando que «problemas existirão quando o órgão com imunidades o seja de um Estado terceiro que não consentiu na jurisdição do TPI»[221] – afastando o art. 12º, nº 3 do ER –, outra há que responde ao problema, ora (i) por considerar que a intervenção do Conselho de Segurança, na denún-

---

[219] Ibidem.
[220] Cfr. EDUARDO CORREIA BAPTISTA, *Direito Internacional Público – Sujeitos e Responsabilidade*, vol. II, Coimbra, Almedina, 2004, pp. 151-153; PAULA ESCARAMEIA, op. cit., pp. 171-174; ANTONIO CASSESE, mesma fonte nota 218.
[221] Cfr. EDUARDO CORREIA BAPTISTA, *Direito Internacional....*, pp. 151-153.

cia ao Procurador, não foi suficientemente consistente para impor sobre todos os Estados-Membros da ONU a eliminação dessa imunidade ao Presidente AL BASHIR[222], inclinando-se para a ilegalidade da detenção por um Estado que seja parte no ER; ora (ii) advogando que as imunidades não se podem aplicar aos crimes previstos no ER, pois operariam «de modo preverso, protegendo actos que constituiriam, eles próprios, a ruptura do sistema que deveriam proteger», motivo pelo qual vigora uma norma internacional costumeira que admite o levantamento de imunidades de oficiais em numerosas situações, mesmo perante a mera jurisdição de outro Estado ou de um grupo de Estados[223].

A divisão doutrinária em torno da abordagem à imunidade de AL BASHIR tem-se reflectido na abordagem de vários actores locais e internacionais, evidenciando, uma vez mais, a instrumentalização política do TPI em benefício de interesses próprios.

Desde logo, no plano interno, assinala-se o comportamento ambíguo da oposição, nomeadamente do principal rival do *National Congress Party* (NCP), de AL BASHIR, o *Sudan People's Liberation Movement* (SPLM), que, numa fase inicial, ao mesmo tempo que manifesta o seu apoio ao Presidente sudanês[224] pressionava-o a cooperar com o TPI e a não desafiar a Comunidade Internacional – tendência esta que permaneceu até à emissão do mandado de detenção contra AL BASHIR, em Março de 2009[225].

---

[222] Cfr. ANTONIO CASSESE, mesma fonte nota 218.

[223] Aqui, entendemos como acertada a posição de PAULA ESCARAMEIA, que, não só faz referência ao acórdão da Câmara dos Lordes no caso PINOCHET – que considera uma «farsa do Direito Internacional» uma atitude que defina visões diferentes a crimes internacionais praticados por entidades diferentes –, como defende a existência de «uma norma costumeira no sentido da não operatividade do regime de imunidades constitucionais quando estamos perante crimes internacionais». Cfr. PAULA ESCARAMEIA, op. cit., p. 174.

[224] Cfr. «Sudan's Political Parties have Mixed Reaction to ICC Rulling on Bashir», *Voice of America News*, 12 de Agosto de 2008. http://www.voanews.com/english/news/a-13-2008-08-12-voa42.html.

[225] Cfr. «INTERVIEW: SPLM Secretary General says Bashir should cooperate with Hague court», *Sudan Tribune*, 29 de Março de 2009. http://www.sudantribune.com/INTERVIEW-SPLM-Secretary-General, 30693; «World reactions to Bashir arrest warrant», *Al Arabiya*, 12 de Março de 2009. http://www.alarabiya.net/articles/2009/03/12/68287.html.

A *realpolitik* prevaleceria como princípio fundamental e, desde então, o SPLM tem evitado manifestar a sua opinião publicamente, ciente que, com a entrada do Sudão do Sul numa fase decisiva para o seu futuro, nomeadamente (i) a realização do referendo de 9 de Janeiro de 2011 – acto para o qual os sul-sudaneses foram chamados a pronunciar-se pela autodeterminação da região – e (ii) o referendo de Abyei, região rica em petróleo, no qual a população local expressará a sua vontade de permanecer anexado ao norte ou integrar o território do sul –, pelo que, face aos índices de tensão entre Juba e Cartum, qualquer passo em falso poderia despoletar um novo conflito militar no país, comprometendo as ambições do SPLM.

Se internamente, a estratégia prosseguida pelo Governo sudanês passa pela repressão aos que se oponham ao regime[226], no contexto internacional a situação é mais delicada e complexa. Uma vez tendo sido anunciado pelo Procurador MORENO-OCAMPO o pedido de emissão do mandado de detenção contra AL BASHIR, a estratégia diplomática do Presidente do Sudão passou pela reunião do maior número de apoios, no intuito de pressionar o CSNU a invocar o art. 16º do ER, que admite a suspensão do procedimento criminal por um período de 12 meses, pelo CSNU, passível de renovação por iguais períodos.

---

[226] Em resposta à acção do TPI, Cartum lançou uma campanha fortemente repressiva contra activistas, ONG e populares que o regime sudanês entendesse que estivessem a prestar apoio ao TPI. Cfr. «Sudan to expel foreign aid groups», *Al Jazeera*, 16 de Março de 2009. http://english.aljazeera.net/news/ africa/2009/03/2009316131925285761.html; LOUIS CHARBONNEAU, «NGO expelled from Darfur considered ICC cooperation», *Reuters*, 16 de Março de 2009. http://www.reuters.com/article/ idUSTRE52F6SX20090316; «Sudanese authorities arrest bus driver with pro-ICC logo», *Sudan Tribune*, 22 de Agosto de 2008. http://www.sudantribune.com/spip.php?page=imprimable&id_article=28374.

Neste sentido, foram determinantes os apoios de China[227] e Rússia[228], que, enquanto membros permanentes do Conselho de Segurança, apoiaram a pretensão sudanesa. Contudo, a mesma não passaria das intenções, dado que tal iniciativa esbarraria nas intenções dos Estados Unidos, da França e do Reino Unido, que recusaram accionar o art. 16º do Estatuto, apelando ao Sudão que cooperasse com o TPI[229], visão igualmente partilhada pela UE[230].

No plano regional, AL BASHIR foi capaz de granjear o apoio dos líderes árabes[231] e africanos, bem como o de organizações como a União Africana, entidade que, após a emissão do mandado de detenção ao Presidente sudanês, adoptou uma posição hostil face ao Tribunal, assinalando-se as sucessivas declarações de apoio em favor de AL BASHIR, de recusa em cooperar com o TPI e de crítica à actuação do Procurador MORENO-OCAMPO[232]. As preocupações aos possíveis efeitos do mandado

---

[227] A *realpolitik* volta a prevalecer sobre todos os Direitos Humanos a proteger interna ou universalmente. A decisão da China em proteger o Sudão é directamente influenciada pelos interesses chineses neste Estado africano, nomeadamente no que respeita à venda de armamento e à exploração e comércio de petróleo. Cfr. ANDREW HEAVENS, «China urges deferral of Bashir war crimes case», *Reuters*, 7 de Janeiro de 2009. http://www.reuters.com/article/idUSTRE5063YN20090107.

[228] Cfr. «Africa, Russia Blast Bashir Warrant», *IslamOnline.net*, 4 de Março de 2009. http://www.islamonline.net/servlet/Satellite?c=Article_C&pagename=Zone-English-News/NWELayout& cid=1235628862974.

[229] Cfr. LOUIS CHARBONNEAU, «U.S., France, UK oppose suspending Bashir Darfur case», *Reuters*, 12 de Fevereiro de 2009. http://www.reuters.com/article/idUSTRE51C09S20090213.

[230] Cfr. «Sudan: EU Presidency Declaration following ICC decision concerning the arrest warrant for President Al Bashir», *European Union @ United Nations*, 4 de Março de 2009. http://www.europa-eu-un.org/articles/en/article_8537_en.htm.

[231] Nomeadamente através da Organização da Conferência Islâmica e da Liga Árabe. Cfr. «OIC slams warrant for Sudan's Beshir», *Khaleej Times Online*, 28 de Março de 2009. http://www.khaleejtimes.com/DisplayArticle08.asp?xfile=data/middleeast/2009/March/middleeast_March531.xml&section=middleeast; «Arab leaders back 'wanted' Bashir», *BBC News*, 30 de Março de 2009. http://news.bbc.co.uk/2/hi/7971624.stm.

[232] Cfr. «Decisão sobre a reunião dos Estados africanos partes ao Estatuto de Roma do Tribunal Penal Internacional (TPI) – Decisões e declarações adoptadas pela Décima Terceira Sessão Ordinária da Assembleia da União Africana – Assembly/AU/Dec.245(XIII) Rev1», *União Africana*, http://www.africa-union.org/root/au/Conferences/2009/july/sum-

de detenção seriam assumidas, isoladamente, por Estados africanos e do Médio Oriente[233], tendo os primeiros planeado uma iniciativa de retirada conjunta do ER[234], a qual acabaria, porém, por perder a sua força.

O «caso BASHIR» provocaria ainda reacções mistas por parte dos Estados africanos. Por um lado, o Uganda, que, após inicialmente manifestar disponibilidade para deter AL BASHIR[235] – mormente devido ao apoio de Cartum ao LRA, no passado –, com o evoluir da situação e temendo que as denúncias contra a actuação das tropas ugandesas presentes na Somália – no âmbito da Missão da União Africana para este país (AMISOM) – resultassem, futuramente, numa acusação do TPI contra o Chefe de Estado, levaram o Presidente YOWERI MUSEVENI a alterar o seu discurso, passando a rejeitar a possibilidade de deter o Chefe de Estado sudanês[236].

Outra posição curiosa diz respeito à África do Sul, que, apesar de inicialmente apoiar AL BASHIR, viria, numa fase posterior, a demarcar-se da tendência do continente e, juntamente com o Botsuana[237], tem

---

mit/decisions/Assembly%20AU%20Dec %20243%20-%20267%20%28XIII%29%20_P. pdf; «Decisão sobre a implementação da decisão Assembly/AU/DEC.270(XIV), relativa à segunda reunião ministerial sobre o Estatuto de Roma do Tribunal Penal Internacional (TPI) Doc. Assembly/AU/10 (XV) – Decisões, declarações e resolução adoptadas pela Décima-Quinta Sessão Ordinária da Conferência de Chefes de Estado e de Governo a 27 de Julho de 2010, em Kampala, Uganda – Assembly/AU/Dec.296 (XV) Rev1», *União Africana*, http://www.africa-union.org/root/UA/Conferences/2010/juillet/Summit_2010_b/ doc/DECISIONS/ Assembly%20AU%20Dec%20289-330%20(XV)_P.pdf.

[233] Designadamente, Angola, Argélia, Benim, Comores, Djibuti, Etiópia, Eritreia, Egipto, Irão, Líbia, Marrocos, Nigéria, Quénia, Ruanda, Síria e Tanzânia.

[234] Esta iniciativa seria, porém, desconsiderada, preferindo os Estados africanos, que são parte no ER, negociar com o Conselho de Segurança a suspensão do procedimento criminal contra AL BASHIR. Cfr. «African countries back away from ICC withdrawal demand», *Sudan Tribune*, 8 de Junho de 2009. http://www.sudantribune.com/spip. php?page=imprimable&id_article=31443.

[235] Cfr. JUSTIN DRALAZE, «Uganda to mull arrest if Sudan's Bashir comes», *Reuters*, 13 de Julho de 2009. http://www.reuters.com/article/idUSLD147555.

[236] Cfr. «Uganda "will not arrest Bashir"», *BBC News*, 15 de Julho de 2009. http://news. bbc.co.uk/2/hi/africa/8152632.stm.

[237] Recorde-se que o Botsuana apoiou a emissão do mandado de detenção contra AL BASHIR, acrescentando que iria cumpri-lo se o Chefe de Estado sudanês desse entrada no seu território. Cfr. «Botswana President supports ICC warrant against Sudan's Bashir»,

vindo a apelar à necessidade de cumprir o ER na sua plenitude, sentindo-se na obrigação de deter o Chefe de Estado sudanês se este der entrada em território sul-africano[238].

Esta mudança no comportamento de Pretória não é de todo inocente, sendo a mesma interpretada como uma manobra diplomática sul-africana para granjear o apoio internacional e obter vantagem para conquistar um cargo de membro permanente do Conselho de Segurança na eventualidade de se concretizar a reforma deste órgão e ser criada uma vaga para, pelo menos, um representante do continente africano[239].

Outros Estados houve, porém, que se socorreram na motivação do mandado de detenção para estreitarem relações com o Sudão, sendo estes os casos de Chade e Quénia. O primeiro – com quem o Sudão mantinha uma acesa rivalidade desde que os dois países se tornaram independentes, apoiando, mutuamente, os grupos rebeldes do vizinho, numa forma de o desestabilizarem – seguiu o mesmo percurso do Uganda, abandonando o isolamento hostil a Cartum[240] e adoptando uma postura de ataque ao TPI[241] e desprezo pelo ER, tornando-se no

---

Sudan Tribune, 5 de Maio de 2009. http://www.sudantribune.com/Botswana-president-supports-ICC,31084.

[238] Cfr. «South Africa reverses course on ICC arrest warrant for Bashir», *Sudan Tribune*, 31 de Julho de 2009. http://www.sudantribune.com/spip.php?page=spipdf&spipdf=spipdf_article&id_article=31986& nom_fichier=article_31986.

[239] Atendendo à conjuntura geopolítica, tanto África do Sul como Botsuana encontram-se na região da África Austral, de forte influência norte-americana e britânica, motivo pelo qual a resistência ao TPI tende a ser gerida com cautela. Contudo, as ambições da África do Sul em aspirar a um lugar como membro permanente do Conselho de Segurança, levaram Pretória a consolidar a sua imagem enquanto potência económica regional, Estado africano com contributo significativo para as missões de paz e Estado pioneiro respeitador dos Direitos Humanos, pretendendo primar pela diferença, ao assumir a sua divergência face à tendência de resistência ao ER pelos restantes Estados. Cfr. «African leaders expected to reaffirm Bashir's immunity from prosecution», *Sudan Tribune*, 24 de Julho de 2010. http://www.sudantribune.com/spip.php?page=imprimable&id_article=35757.

[240] Cfr. BATHANDWA MBOLA, «Sudan: South Africa is Obliged to Arrest Al Bashir, Says Ntsaluba», *All Africa*, 31 de Julho de 2009. http://allafrica.com/stories/200907310710.html.

[241] Cfr. «Bashir warrant: Chad accuses ICC of anti-African bias», *BBC News*, 22 de Julho de 2010. http://www.bbc.co.uk/news/world-africa-10723869.

primeiro Estado parte a receber AL BASHIR no seu território ao mesmo tempo que lhe garante imunidade[242][243].

No caso do Quénia, a situação é diferente. Este Estado não só é parte no ER, como a equipa de Procuradores do TPI iniciou investigações em solo queniano, em Maio de 2010[244], por crimes praticados após as eleições de 27 de Dezembro de 2007[245]. Antes da abertura do processo, o Tribunal negociou com o Governo queniano a transferência pacífica das competências sobre as investigações e os julgamentos, exigindo cooperação total de Nairobi com Haia e o cumprimento integral do ER[246].

Contudo, meses depois, o Quénia comprometeu a sua lealdade ao ER ao convidar e receber AL BASHIR em Nairobi para participar das celebrações da entrada do país na II República, a 27 de Agosto de 2009, justificando este acto com a necessidade de manter as «boas relações com a vizinhança»[247]. Se, por um lado, este acontecimento criou embaraços ao Quénia junto da Comunidade Internacional[248], por outro, evidencia, uma vez mais, o pragmatismo dos Estados africanos na forma de gestão da sua abordagem ao ER, não hesitando em relegá-lo para segundo plano sempre que os interesses próprios o exijam.

---

[242] Cfr. «Sudan's Bashir in Chad, First Visit to ICC Country Since Warrant», *Voice of America News*, 21 de Julho de 2010. http://www.voanews.com/english/news/Sudans-Bashir-in-Chad-First-Visit-to-ICC-Country-Since-Warrant---98936404.html.

[243] Este seria o corolário de iniciativas mútuas dos dois países de garantirem a monitorização eficaz da fronteira e cessarem conflitualidades antigas.

[244] Cfr. «ICC Prosecutor begins Kenya probe», *Al Jazeera*, 15 de Maio de 2010. http://english.aljazeera.net/news/africa/2010/05/20105882818978835.html.

[245] Ver ponto «Situação no Quénia».

[246] Cfr. «ICC: Prosecutor Seeks OK on Kenya Inquiry», *Human Rights Watch*, 26 de Novembro de 2009. http://www.hrw.org/en/news/2009/11/26/icc-prosecutor-seeks-ok-kenya-inquiry.

[247] Cfr. WALTER MENYA, «Bashir surprise guest in Kenya», *Daily Nation*, 27 de Agosto de 2009. http://www.nation.co.ke/News/Bashir%20surprise%20guest%20in%20Kenya/-/1056/998008/-/w03i5sz/-/index.html.

[248] Cfr. JAMES RATEMO, BEAUTTAH OMANGA, KIPCHUMBA SOME, «ICC to report Kenya to UN over its high-profile guest Al Bashir», *The Standard*, 28 de Agosto de 2010. http://www.standardmedia.co.ke/corruption/InsidePage.php?id=2000017041&cid=4&; PETER LEFTIE, «EU Parliament plans Kenya censure over Bashir», *Daily Nation*, 11 de Setembro de 2010. http://www.nation.co.ke/News/EU%20Parliament%20plans%20Kenya%20censure%20over%20Bashir%20/-/1056/1008672/-/ohktiqz/-/index.html.

Este padrão comportamental típico nos Estados africanos, qual sentimento agridoce que junta o desprezo à rendição, ilustra a valoração atribuída ao ER, vendo no TPI um misto de concepção colonialista ocidental passível de ser utilizada em benefício próprio, tendo sempre como limite a redução das suas soberanias.

4.5. A «Situação no Quénia»

O quinto dossiê aberto pelo TPI diz respeito à «situação no Quénia». A 27 de Dezembro de 2007 foram realizadas as eleições presidenciais no Quénia, colocando frente a frente o Presidente em exercício, MWAI KIBAKI – de etnia *kikuyu*, a mais representativa do país –, e o seu grande rival, RAILA ODINGA – de etnia *luo*, a mesma de BARACK OBAMA. Ambos disputaram a segunda volta das presidenciais, tendo os resultados provisórios atribuído a vitória a RAILA ODINGA[249]. Contudo, um volte-face inesperado[250] – que viria a determinar o afastamento do Presidente da Comissão Nacional de Eleições por ter declarado ter sido pressionado a declarar a vitória de MWAI KIBAKI[251] – despoletaria uma série de confrontos sem precedentes, iniciados por apoiantes da etnia *kalenjin*, fiéis a ODINGA, contra os *kikuyu*, e que acabaria por resultar na morte de cerca de 1.100 pessoas e provocaria 600.000 deslocados internos[252].

A 28 de Fevereiro de 2008 seria celebrado um acordo de paz que colocaria um fim aos confrontos e resultaria na formação de um Governo de coligação liderado conjuntamente por MWAI KIBAKI, na qualidade de

---

[249] Cfr. «Colonial fighter Odinga's son set to oust Kenya's President Kibaki», *Daily Mail Online*, 28 de Dezembro de 2007. http://www.dailymail.co.uk/news/article-504891/Colonial-fighter-Odingas-son-set-oust-Kenyas-President-Kibaki.html.

[250] Cfr. HELEN NYAMBURA-MWAURA, WANGUI KANINA, NICOLO GNECCHI, KIM DIXON e ADRIAN CROFT, «INSTANT VIEW: Kibaki wins Kenya's presidential election», *Reuters*, 30 de Dezembro de 2007. http://www.reuters.com/article/idUSL3051401420071230.

[251] Cfr. «Election 2007 controversies», *Mars Group Kenya*, http://webcache.googleusercontent.com/search?q=cache:7-zKVlQurAIJ:www.marsgroupkenya.org/pages /stories/election07/index.php%3FID%3D1779+Election+2007+controversies+-mars+group+kenya&cd=1&hl=pt-PT&ct=clnk&gl=pt&client=firefox-a.

[252] Cfr. «*Kenya's post election violence: ICC Prosecutor presents cases against six individuals for crimes against humanity*», TPI, 15 de Dezembro de 2010, http://www.icc-cpi.int/menus/icc/press%20and%20 media/press%20releases/pr615.

Presidente da República, e RAILA ODINGA, a exercer o cargo provisório de Primeiro-Ministro. Foram então efectuadas investigações oficiais por parte da então criada Comissão Waki, cujos resultados foram apresentados em finais de 2008 e sugeriram a criação de um tribunal especial interno para julgar os suspeitos dos crimes de violência pós-eleitoral.

O Governo acatou as sugestões e acordou em transferir a competência sobre os julgamentos para o TPI se as recomendações da Comissão não fossem implementadas[253]. Contudo, após sucessivas tentativas para fazer aprovar um projecto de lei com vista à constituição do referido tribunal, o Procurador MORENO-OCAMPO anunciou, a 5 de Novembro de 2009, a transferência definitiva sobre os crimes pós-eleitorais para o TPI[254], que seria autorizada pelo colectivo de juízes de instrução, a 31 de Março de 2010[255].

Como resultado das investigações, o Procurador anunciou, a 15 de Dezembro de 2010, a abertura de dois casos de prática de crimes contra a humanidade, nomeadamente:

- O caso 1, que envolve WILLIAM RUTO[256], HENRY KOSGEY[257] e JOSHUA ARAP SANG[258], suspeitos de envolvimento em crimes de homicídio,

---

[253] Cfr. «Kenya: Deliver Justice for Victims of Post-Election Violence», *Human Rights Watch*, 3 de Agosto de 2009. http://www.hrw.org/en/news/2009/08/02/kenya-deliver-justice-victims-post-election-violence.

[254] Cfr. DAVID MCKENZIE, «ICC prosecutor: Suspects in Kenya violence will be tried», *CNN*, 5 de Novembro de 2009. http://edition.cnn.com/2009/WORLD/africa/11/05/kenya.icc.trials/index.html? eref=edition.

[255] De acordo com o comunicado oficial do TPI, o Procurador submeteu à apreciação do colectivo de juízes uma lista preliminar com os nomes dos 20 principais suspeitos de envolvimento nos crimes sob investigação do TPI, lista esta elaborada pela Comissão Waki. Cfr. «OTP Press Conference on Kenya, Prosecutor Moreno-Ocampo's Statement, 1 April 2010», *International Criminal Court*, 1 de Abril de 2010. http://www.icc-cpi.int/NR/exeres/6B518FB1-C68F-405A-887C-19CEACF91C05.htm.

[256] Antigo Ministro da Agricultura e Ministro do Ensino Superior, Ciência e Tecnologia, suspenso do exercício de funções.

[257] Ministro da Industrialização.

[258] Chefe de operações da rádio KASS FM e locutor desta estação à data da prática dos factos.

deportação ou transferência à força de uma população, perseguição de um grupo por motivos políticos[259];
- O caso 2, abrangendo FRANCIS KIRIMI MUTHAURA[260], UHURU KENYATTA[261] e o Major-General MOHAMMED HUSSEIN ALI[262], alegadamente envolvidos em crimes de homicídio, deportação ou transferência à força de uma população, perseguição de um grupo por motivos políticos, violação e outras formas de violência sexual e outros actos desumanos[263].

Apesar da comparência dos 6 suspeitos em Haia, entre 7 e 8 de Abril de 2011, o Tribunal viria a confirmar as acusações contra 4 arguidos, retirando as acusações deduzidas contra HENRY KOSGEY[264] e MOHAMMED HUSSEIN ALI[265], não afastando, porém, a hipótese de voltar a chamar os dois caso o Procurador consiga recolher novas provas contra eles.

A abertura da «situação no Quénia» reveste diversas particularidades, face às restantes situações, na medida em que:

- Marca a primeira situação iniciada por *proprio motu* do Procurador, o grande obreiro do início das investigações do Quénia, fazendo uso da faculdade que lhe é reconhecida no art. 13º, al. c) do ER;
- Foca a tipologia de crimes investigados, essencialmente, em crimes contra a humanidade na sequência da realização de um acto

---

[259] Mesma fonte da nota 149.
[260] Secretário do Governo e Presidente do *National Security Advisory Committee*.
[261] Vice-Primeiro-Ministro e Ministro das Finanças.
[262] Chefe Executivo da *Postal Corporation of Kenya* e Comissário da polícia queniana à data da prática dos factos.
[263] Mesma fonte da nota 149.
[264] Cfr. «The Prosecutor v. William Samoei Ruto, Henry Kiprono Kosgey and Joshua Arap Sang», *International Criminal Court*, s.d.. http://www.icc-cpi.int/menus/icc/situations%20and%20cases/ situations/situation%20icc%200109/related%20cases/icc01090111/icc01090111?lan=en-GB.
[265] Cfr. «The Prosecutor v. Francis Kirimi Muthaura, Uhuru Muigai Kenyatta and Mohammed Hussein Ali», *International Criminal Court*, s.d.. http://www.icc-cpi.int/menus/icc/situations%20and%20cases/ situations/situation%20icc%200109/related%20cases/icc01090211/icc01090111?lan=en-GB.

eleitoral. Sendo a violência pós-eleitoral uma realidade em várias regiões, sobretudo em África, o Procurador pretende fazer do caso queniano «um exemplo para o mundo»[266], como forma de dissuadir os principais actores envolvidos em actos eleitorais – políticos, entidades responsáveis pela segurança e líderes locais – de instigarem e apoiarem tais acções;
- No seguimento do ponto anterior, diversifica a qualidade dos arguidos, visando (i) membros das forças de segurança; (ii) políticos, nomeadamente aqueles que, por assumirem a liderança e representação das suas etnias – neste caso dos *kikuyu* e dos *kalenjin* –, tivessem o dever acrescido de impedir a perpetração de tais crimes; (iii) e personalidades fora das estruturas do Estado;
- Evidencia, por um lado, a quase unanimidade da população em favor da aplicação da justiça internacional, como forma de colmatar as deficiências das instituições internas[267] e a falta de confiança no poder político[268]; e, por outro, expõe a primeira iniciativa concreta de um Estado para deixar de ser parte do ER, com o intuito de evitar a jurisdição do Tribunal[269].

---

[266] Cfr. «ICC Prosecutor: Kenya Can Be an Example to the World», *International Criminal Court*, 18 de Setembro de 2009. http://www.icc-cpi.int/menus/icc/situations%20and%20 cases/situations/situation% 20icc%200109/press%20releases/pr452.

[267] De acordo com uma sondagem realizada, em Dezembro de 2010, 85% dos quenianos manifestarm-se a favor da acção do TPI. Cfr. JEFF OTIENO, «Kenyans want suspects of poll chaos tried at Hague», *Daily Nation*, 14 de Dezembro de 2010. http://www.nation.co.ke/ News/politics/Kenyans%20want %20suspects%20of%20poll%20chaos%20tried%20 at%20Hague%20/-/1064/1072584/-/14hmlymz/-/index.html.

[268] Neste sentido, importa referir que a falta de confiança dos quenianos no seu sistema legal decorre do facto do Quénia ser considerado um dos países mais corruptos do mundo, ocupando, em 2010, o 154º lugar de uma lista de 178 países. Cfr. «Corruption Perceptions Index 2010 Results», *Transparency International*, 2010. http://www.transparency.org/policy_research/surveys_indices/cpi/2010/results.

[269] A 22 de Dezembro de 2010, o Parlamento queniano fez aprovar, apenas com um voto contra, uma moção que exige a retirada do Quénia do ER. Apesar da iniciativa, os legisladores terão ignorado o facto de o art. 127º, nº 1 do Estatuto referir que a retirada produz efeitos «um ano após a data de recepção da notificação» e o nº 2 admitir que tal não afecta «a cooperação com o Tribunal no âmbito de inquéritos e de procedimentos criminais relativamente aos quais o Estado tinha o dever de cooperar e que se iniciaram antes da data em que a retirada começou a produzir efeitos» nem

Contudo, as similitudes face às restantes situações são por demais evidentes. Desde logo, assinala-se a influência do trabalho das ONG, nomeadamente a *Kenya National Commission on Human Rights* (KNCHR), cujo relatório publicado, com os resultados das suas próprias investigações, foi determinante para o documento final apresentado pela Comissão Waki, assentando as investigações do TPI no produto resultante destas duas entidades[270].

Finalmente, importa dar conta, uma vez mais, da instrumentalização do TPI pelos políticos africanos. No Quénia, a dinâmica não é diferente daquela que se verifica na RDC, na RCA, no Uganda ou no Sudão, servindo, por um lado, para afastar rivais políticos[271], e, por outro, para projecção de imagem junto do eleitorado.

4.6. A «Situação na Líbia»

Em Janeiro de 2011, a intensificação da revolta popular na Tunísia levou à queda do regime ditatorial do país liderado por Zine El Abidine Ben Ali provocando um efeito mimético que inspiraria a realização de acções de insurreição em diversos países magrebino-árabes, num momento da História que ficou baptizado de «Primavera Árabe». Apesar do insucesso verificado em países como o Djibuti ou Marrocos, o êxito atingido com tais acções em países como a Tunísia e o Egipto – até então dominados por um forte aparelho de Estado que levantava

---

«afectará a prossecução da apreciação das causas que o Tribunal já tivesse começado a apreciar antes da data em que a retirada começou a produzir efeitos». Cfr. Njeri Rugene, «Parliament pulls Kenya from ICC treaty», *Daily Nation*, 22 de Dezembro de 2010. http://www.nation.co.ke/News/politics/Parliament%20pulls%20Kenya%20from% 20ICC%20treaty/-/1064/1077336/-/v0uyxsz/-/index.html.

[270] O relatório da KNCHR, intitulado «On the Brink of the Precipice: a Human Rights Account of Kenya's Post-2007 Election Violence – Final Report», é o corolário de investigações exaustivas no terreno, constituindo, actualmente, um importante suporte para as investigações do TPI. O documento está acessível no site da ONG (http://www.knchr.org/dmdocuments/KNCHR%20doc.pdf).

[271] Aqui, destaca-se a acção do Primeiro-Ministro Raila Odinga que, sendo candidato presidencial declarado às eleições de 2012, apoia as investigações do TPI pois estas incidem nos seus dois principais rivais: William Ruto, popular na região onde predomina a sua etnia, os *kalenjin*; e Uhuru Kenyatta, filho do pai da Nação, Jomo Kenyatta, representante da etnia dominante no país, os *kikuyu*.

dúvidas, entre a população dos respectivos países, sobre as possibilidades de sucesso popular – inspirou personalidades e grupos líbios a desenvolverem acções com vista ao derrube do Presidente MUAMMAR KADHAFI, no poder durante quase 42 anos.

A recusa de KADHAFI em abandonar a liderança da Líbia deu origem a fortes confrontos entre forças de defesa e de segurança e manifestantes, durante semanas, a um ritmo praticamente diário, o que provocou diversas baixas entre os civis. Na sequência destes acontecimentos, o Conselho de Segurança da ONU aprovou, por unanimidade, a 26 de Fevereiro de 2011, a Resolução 1970 (2011), que prevê, além de sanções contra a Líbia, um pedido ao TPI no sentido de o Tribunal iniciar investigações a eventuais crimes cometidos no país desde 15 de Fevereiro de 2011, o primeiro dia de protestos na cidade de Bengazi. Na sequência desta Resolução, o Procurador do TPI anunciou, a 3 de Março de 2011, a sua decisão de dar início às investigações sobre os acontecimentos na Líbia desde 15 de Fevereiro até, pelo menos, 28 de Fevereiro de 2011.

Posteriormente, a 16 de Maio de 2011, LUÍS MORENO-OCAMPO anunciou o pedido de 3 mandados de detenção contra MUAMMAR KADHAFI – enquanto Presidente da Líbia, Comandante das Forças Armadas –, SAIF AL-ISLAM KADHAFI – filho do líder líbio, enquanto Presidente honorário da Fundação Kadhafi para a Caridade e o Desenvolvimento Internacional e Primeiro-Ministro de facto – e ABDULLAH AL-SENOUSSI – Coronel nas Forças Armadas líbias e Chefe dos Serviços de Informações do país –, os quais viriam a ser emitidos pelo juízo de instrução, a 27 de Junho de 2011[272]. Mais tarde, a 22 de Novembro de 2011, as acusações contra KADHAFI seriam retiradas em consequência da sua morte pelos rebeldes líbios, em Sirte, a 20 de Outubro de 2011.

Neste quadro, recaem actualmente acusações contra os 2 arguidos no processo pela prática de crimes de homicídio[273] e perseguição de um

---

[272] Cfr. «Pre-Trial Chamber I issues three warrants of arrest for Muammar Gaddafi, Saif Al-Islam Gaddafi and Abdualla Al-Senussi», *International Criminal Court*, 27 de Junho de 2011. http://www.icc-cpi.int/NR/exeres/D07229DE-4E3D-45BC-8CB1-F5DAF8370218.htm.
[273] Art. 7º, nº 1, al. a) do ER.

grupo ou colectividade²⁷⁴, sendo SAIF AL-ISLAM acusado de coautoria moral e ABDULLAH AL-SENOUSSI de autoria moral²⁷⁵.

Apesar de a «situação na Líbia» consistir em mais uma materialização das investigações do TPI após a denúncia do CSNU, na verdade, este caso diferencia-se dos demais na medida em que:

- Trata-se da primeira intervenção de Haia num país de inspiração árabe, fora da área da chamada «África negra», embora ainda localizado no continente africano;
- Incide sobre actos resultantes de acções do Estado na sequência de tentativas de deposição do poder instalado pela revolta popular;
- Abre caminho a outras investigações em países afectados pelo fenómeno da «Primavera Árabe», colocando em alerta o poder político de Estados localizados no continente asiático.

Não obstante tais constatações, são ainda evidentes as semelhanças a outros casos, nomeadamente a «situação no Darfur», uma vez que estamos, novamente, perante (i) acusações contra um Chefe de Estado em exercício e altas patentes militares, (ii) a investigação de crimes praticados apenas por agentes que exerciam o poder e a recusa em pronunciar-se sobre eventuais crimes cometidos pela parte contrária – por exemplo, as circunstâncias da morte de KADHAFI –, acentuando a injustiça na chamada «justiça dos vencedores», e (iii) a imposição de uma lei penal e de um regime processual penal sobre um Estado que optara por não fazer parte do ER.

Neste sentido, insistimos na visão defendida a propósito da avaliação da legitimidade da acção do TPI no Sudão, concluindo pela sua ilegitimidade, na medida em que a aplicação do ER à Líbia, enquanto KADHAFI permaneceu no poder, violou a Convenção de Viena que dispõe que «um tratado não cria obrigações nem direitos para um terceiro Estado sem o consentimento deste» (art. 34º) a menos que o terceiro Estado aceite «expressamente por escrito essa obrigação» (art. 35º), o

---

[274] Art. 7º, nº 1, al. h) do ER.
[275] Cfr. «Situation in Libya», *International Criminal Court*, s.d. http://www.icc-cpi.int/menus/icc/ situations%20and%20cases/situations/icc0111/related%20cases/icc01110111/.

que ainda não sucedeu no caso líbio. Ao TPI também não se aplica o artigo 38º da Convenção – «o disposto nos artigos 34º a 37º não obsta a que uma norma enunciada num tratado se torne vinculativa para um terceiro Estado como norma consuetudinária de direito internacional, reconhecida como tal» – dado que não está em causa uma norma passível de ser classificada como princípio de *ius cogens*, mas, isso sim, a criação de uma entidade jurisdicional e respectiva competência.

Na sequência deste pensamento, questiona-se se a acção do TPI se tornou verdadeiramente legítima após a deposição de KADHAFI, dado que o reconhecimento do Conselho Nacional de Transição (CNT) enquanto representante da Líbia não decorreu de forma pacífica, com EUA e União Europeia a reconhecerem esta entidade em Março de 2011[276], a Liga Árabe a fazê-lo em Agosto de 2011[277] e a União Africana apenas em Setembro de 2011[278]. Da nossa parte, assumiremos como data de reconhecimento de legitimidade internacional ao CNT 16 de Setembro de 2011, dia em que foi votada favoravelmente a Resolução 66/1 A da Assembleia-Geral das Nações Unidas, a qual aceita as credenciais da delegação proposta pela Líbia para representar o país na 66ª sessão da Assembleia-Geral. Na verdade, parece difícil de aceitar outra data, na medida em que (i) é na Assembleia-Geral da ONU que se encontram representados todos os Estados membros reconhecidos pela organização e (ii) é este o órgão competente para votar a entrada de novos membros, tendo os mesmos aceitado a delegação proposta pelo CNT para representar o país, o que consiste num reconhecimento, ainda que tácito, da legitimidade do CNT.

Paralelamente, ainda que esta questão se considere ultrapassada, dúvidas subsistem relativamente à legitimidade do TPI para investigar os alegados crimes ocorridos na Líbia, dado que o país ainda não acei-

---

[276] Cfr. «Libya: US and EU say Muammar Gaddafi must go», *BBC*, 11 de Março de 2011. http://www.bbc.co.uk/news/world-europe-12711162.
[277] Cfr. «Libya regains Arab League seat», *Al Jazeera*, 27 de Agosto de 2011. http://www.aljazeera.com/news/africa/2011/08/2011827223817990105.html.
[278] Cfr. «African Union Recognizes National Transitional Council as Libya Authority», *Bloomberg*, 20 de Setembro de 2011. http://www.bloomberg.com/news/2011-09-20/african-union-recognizes-national-transitional-council-as-libya-authority.html.

tou expressamente a jurisdição do Tribunal, cumprindo o disposto no art. 35º da Convenção de Viena[279].

4.7. A «Situação na Costa do Marfim»

Com a morte do Presidente FELIX HOUPHOUËT-BOIGNY, em 1993, a Costa do Marfim, um país caracterizado pela estabilidade política, social e económica, conheceu uma nova era dominada pela tensão político-étnica e, consequentemente, pela xenofobia, fenómeno este reforçado pelo conceito de *Ivoirité*[280] promovido pelo sucessor de HOUPHOUËT-BOIGNY, HENRI KONAN BÉDIÉ, que procurava, desta forma, garantir a sua sobrevivência política. Na verdade, a forte presença estrangeira no país viria praticamente a dividir o país entre um Norte composto por uma maioria muçulmana de fortes ligações aos países vizinhos e um Sul predominantemente cristão e nacionalista. Todavia, apesar dos esforços de instrumentalização do nacionalismo despertado na população, BÉDIE viria a permanecer no poder durante apenas 6 anos, sendo afastado em 1999, na sequência de um golpe de Estado perpetrado por militares liderados pelo General ROBERT GUEI, Chefe do Estado-Maior de BÉDIÉ.

A linha de governação de GUEI divergiu pouco do seu antecessor, mantendo-se a tensão de motivação étnica e verificando-se ainda inúmeras violações de Direitos Humanos e actos de violência praticados

---

[279] Importa relembrar que em Dezembro de 2011, na sequência da detenção de SAIF AL-ISLAM, o TPI requereu informações sobre o arguido às autoridades líbias, incluindo sobre se esta detenção aconteceu dando cumprimento ao mandado emitido por Haia e se a Líbia tem intenções de entregar o filho de MUAMMAR KADHAFI ao Tribunal. Admite-se a possibilidade de a Líbia exercer a sua jurisdição penal sobre SAIF AL-ISLAM, sobretudo como forma de aplicação da justiça interna como forma de reforço do poder das instituições pós-revolução, o que, a ocorrer, poderá levar a uma suspensão das investigações do TPI até que se confirme que Haia reconhece a validade da justiça aplicada pelos tribunais líbios.

[280] O crescimento económico da Costa do Marfim até ao início da década de 1990 inspirou um movimento migratório dos povos dos países vizinhos que procuravam conseguir melhores condições de vida em solo costa-marfinense, chegando os estrangeiros a representar cerca de 25% da população residente no país. Neste quadro, a *Ivoirité* consistia numa forma de distinguir os costa-marfinenses de origem dos estrangeiros.

pelas forças de defesa e de segurança do país²⁸¹. Tal quadro agravou-se durante as eleições presidenciais e legislativas de 2000, o que se viria a traduzir em confrontos que provocaram mais de 200 mortos e centenas de feridos. Neste acto eleitoral, LAURENT GBAGBO, representante do Sul cristão, beneficiou do facto de alguns dos seus principais adversários terem tido as suas candidaturas rejeitadas pelo Supremo Tribunal – casos do antigo Presidente BÉDIÉ e do antigo Primeiro-Ministro ALASSANE OUATTARA – para vencer as presidenciais, mesmo apesar dos protestos dos apoiantes de OUATTARA, identificado com o Norte do país²⁸², no sentido de serem repetidas as eleições. Estas, não só nunca foram repetidas como se manteve a discriminação e a violência contra descendentes de estrangeiros e muçulmanos e as atrocidades cometidas pelas autoridades²⁸³.

Posteriormente, a 19 de Setembro de 2002, o grupo rebelde *Mouvement Patriotique de la Côte d'Ivoire* (MPCI) perpetrou uma tentativa de golpe de Estado falhada contra o regime de GBAGBO, conquistando, porém, cerca de metade do território nacional e lançando o país numa violenta guerra civil que provocaria inúmeras baixas durante o período de intensos combates. Mais tarde, o MPCI, composto, entre outros, por antigos militares exilados durante a governação de GUEI, uniu-se a outros grupos rebeldes formando as Forces Nouvelles, contando com o apoio do vizinho Burquina Faso ao mesmo tempo de GBAGBO beneficiou do apoio da Libéria²⁸⁴.

---

[281] Cfr. «Côte d'Ivoire: No Peace In Sight», *International Crisis Group – Africa Report nº 82*, 12 de Julho de 2004. http://www.crisisgroup.org/~/media/Files/africa/west-africa/cote-divoire/Cote%20dIvoire%20 No%20Peace%20in%20Sight.pdf.

[282] Com efeito, ALASSANE OUATTARA é um muçulmano que descende de cidadãos oriundos do Burquina Faso e contou com o apoio da maioria muçulmana mais localizada no Norte do país.

[283] Cfr. «The Acceptance of International Criminal Court Jurisdiction by Côte d'Ivoire», *American NGO Coalition for the ICC*, 30 de Agosto de 2005. http://www.amicc.org/docs/Cote%20d'Ivoire.pdf.

[284] Neste sentido, cfr. «Côte d'Ivoire: "The War Is Not Yet Over"», *International Crisis Group – Africa Report nº 72*, 28 de Novembro de 2003. http://www.crisisgroup.org/~/media/Files/africa/west-africa/cote-divoire/Cote%20dIvoire%20The%20War%20Is%20Not%20Yet%20Over.pdf.

Quer antes da celebração do acordo de cessar fogo alcançado entre partidos políticos e rebeldes, em Janeiro de 2003, quer depois, a Costa do Marfim registou inúmeras violações de Direitos Humanos, muitas das quais consistiam em crimes previstos e punidos pelo Estatuto de Roma, podendo, assim, cair sobre a alçada do TPI que iniciara funções no ano anterior.

Foi neste contexto que a situação na Costa do Marfim foi alvo de uma avaliação preliminar pelo Gabinete do Procurador, precipitando tal acção a recepção de uma declaração do Governo costa-marfinense, datada de 18 de Abril de 2003, na qual aceita a jurisdição do Tribunal ao abrigo do art. 12º, nº 3 do ER na medida em que se trata de um Estado signatário que não ratificou a sua qualidade de parte no Tratado[285-286].

A denúncia da Costa do Marfim apenas pretendia que fossem investigados os acontecimentos ocorridos no país desde 19 de Setembro de 2002, querendo que fossem julgados os rebeldes responsáveis pela tentativa de golpe de Estado que dera origem à guerra civil no país. Contudo, os receios de que a investigação de Luís Moreno-Ocampo acabasse por ser mais abrangente e incluísse personalidades ligadas ao poder acabaria por precipitar um afastamento entre Laurent Gbagbo e o Tribunal enquanto o primeiro não tivesse garantias de que as investigações recaíssem sobre os rebeldes, adiando, desta forma, a acção do TPI em solo costa-marfinense.

As investigações do TPI não se concretizaram enquanto não fosse definido o apoio a dar pelas autoridades da Costa do Marfim. Ao fim de 10 anos desde a realização das últimas eleições presidenciais, que culminaram com a ascensão de Laurent Gbagbo ao poder, a Costa do Marfim voltou a realizar novo acto eleitoral para o cargo máximo do país. Depois da realização de uma primeira volta pacífica, a 31 de Outubro de

---

[285] Cfr. «Republic of Côte d'Ivoire: Declaration Accepting the Jurisdiction of the International Criminal Court», *International Criminal Court*, s.d.. http://www.icc-cpi.int/NR/rdonlyres/7DA08D8E-FF5E-40C8-92D7-F058D5B032F3/279844/ICDEENG1.pdf.

[286] Apesar de não ser Estado parte no ER, a Costa do Marfim chegou a desenvolver alguns esforços nesse sentido, sendo disso exemplo a aprovação de um diploma pelo Conselho de Ministros, a 9 de Maio de 2001, no qual autoriza o Chefe de Estado a ratificar o ER. Porém, estes esforços iniciais acabaram por não ter seguimento.

2010 – vencida por GBAGBO (38,3% dos votos), seguido por ALASSANE OUATTARA (32,08%) –, a tensão agravou-se consideravelmente quando os dois candidatos mais votados enfrentaram-se num debate televisivo caracterizado pela agressividade nas intervenções de ambos. Até à data do escrutínio, 28 de Novembro de 2010, apoiantes dos dois candidatos iniciaram uma campanha de ataques entre si, acusando os apoiantes rivais de serem «assassinos» e «criminosos», num agravamento da tensão que levou mesmo ao registo de confrontos entre as duas alas no período de 19 a 22 de Novembro de 2010, que provocaram um número indeterminado de feridos[287].

Determinante para o resultado final seria o apoio a dar pelo terceiro candidato mais votado na primeira volta – e, consequentemente, excluído da segunda ronda –, o antigo Presidente HENRI KONAN BÉDIÉ, que alcançara 25,24% dos votos e acabou por transferir uma parte significativa do seu eleitorado para ALASSANE OUATTARA. Assim, a 2 de Dezembro de 2010, YOUSSOUF BAKAYOKO, Presidente da Comissão Eleitoral, anunciou a vitória de OUATTARA com 54,1% contra 45,9% de GBAGBO, anúncio este que foi imediatamente declarado ilegal pelo Conselho Constitucional, na medida em que seria este o órgão competente para confirmar os resultados[288].

A recusa em admitir a derrota, juntamente com o controlo exercido sobre o Conselho Constitucional garantiram a GBAGBO a anulação de 664.405 votos em OUATTARA, a 3 de Dezembro de 2010, levando aquele órgão a anunciar novos resultados que davam a vitória ao Presidente com 51,4% dos votos contra 48,55% do seu opositor[289-290]. Simultane-

---

[287] Cfr. «Côte d'Ivoire: Finally Escaping the Crisis?», *International Crisis Group – Africa Briefing nº 77*, 25 de Novembro de 2010. http://www.crisisgroup.org/en/regions/africa/west-africa/cote-divoire/B077-cote-divoire-finally-escaping-the-crisis.aspx.

[288] Cfr. «Ivory Coast poll winner named, army seals borders», *Reuters*, 2 de Dezembro de 2010. http://af.reuters.com/article/worldNews/idAFTRE6B13FN20101202?sp=true.

[289] Cfr. «Ivory Coast poll overturned: Gbagbo declared winner», *BBC*, 3 de Dezembro de 2010. http://www.bbc.co.uk/news/world-africa-11913832.

[290] Para uma análise mais detalhada às eleições na Costa do Marfim, ver o relatório do *International Crisis Group*, disponível em http://www.crisisgroup.org/~/media/Files/africa/west-africa/cote-divoire/ 171%20Cote%20dIvoire%20-%20Is%20War%20the%20only%20Option%20ENGLISH.pdf.

amente, a Comunidade Internacional, através do Secretário-Geral da ONU, BAN KI-MOON, viria a reconhecer OUATTARA como legítimo vencedor das eleições, estando, assim, instalada a crise política e social na Costa do Marfim[291].

Este quadro contribuiu para a degradação da situação de segurança no país com a ala apoiante de GBAGBO a dar origem a uma campanha de violência contra os seguidores de OUATTARA, que acabaria por aliar-se aos antigos rebeldes das Forces Nouvelles, com consequências para a situação de segurança do país que, durante vários meses, registou confrontos entre as milícias fieis ao Presidente reconhecido internacionalmente e os combatentes apoiantes de GBAGBO, entre os quais se contavam os militares[292], verificando-se ainda violações de Direitos Humanos – entre as quais violência contra mulheres, crianças, deslocados internos e cidadãos naturalizados e ainda desaparecimentos, homicídios sumários, violações e outras formas de violência sexual[293].

Porém, a 28 de Março de 2011, OUATTARA lançou uma ofensiva à escala nacional contra as forças do seu opositor, com o apoio da França e da ONU, que levariam à detenção de LAURENT GBAGBO, a 11 de Abril de 2011[294], demorando ainda alguns meses até garantir as condições mínimas de estabilidade e governação no país.

Ciente do trunfo que poderia revestir o apoio internacional, ALASSANE OUATTARA apressou-se a desenvolver as iniciativas possíveis para consolidar esse mesmo apoio, confirmando a jurisdição do TPI na Costa do Marfim através do envio de uma carta para Haia, a 14 de Dezembro

---

[291] Cfr. «Alassane Ouattara vainqueur du scrutin ivoirien, dit l'ONU», *L'Express*, 3 de Dezembro de 2010. http://www.lexpress.fr/actualites/2/alassane-ouattara-vainqueur-du-scrutin-ivoirien-dit-l-onu_942 441.html.

[292] Cfr. «A Critical Period for Ensuring Stability in Côte d'Ivoire», *International Crisis Group – Africa Report nº 176*, 1 de Agosto de 2011. http://www.crisisgroup.org/~/media/Files/africa/west-africa/cote-di voire/176%20A%20Critical%20Period%20for%20Ensuring%20Stability%20in%20Cote%20dIvoire.pdf.

[293] Estes crimes foram denunciados pelo CSNU na Resolução 1975 (2011)

[294] Aqui, será de referir a importância que revestiu a Resolução do CSNU 1975 (2011) enquanto legitimadora da acção da Operação das Nações Unidas na Costa do Marfim (UNOCI).

de 2010²⁹⁵, que viria a ser novamente confirmada a 3 de Maio de 2011. Pretendeu, desta forma, OUATTARA demonstrar internacionalmente a mudança que pretendia imprimir no país, reforçando ainda mais o apoio externo.

Foi assim que, a 3 de Outubro de 2011, o colectivo de juízes de instrução do TPI aprovaram o início das investigações, por *proprio motu* do Procurador, com respeito a alegados crimes praticados na Costa do Marfim desde 28 de Novembro de 2010, bem como relativamente a eventuais crimes passíveis de serem cometidos no país como resultado das investigações.

Mais tarde, a 23 de Novembro de 2011, o Juízo de Instrução emitiu um mandado de detenção contra LAURENT GBAGBO pela alegada prática de 4 crimes contra a humanidade²⁹⁶. Dando cumprimento ao mandado do TPI, as autoridades costa-marfinenses viriam a transferir o antigo Chefe de Estado para Haia a 30 de Novembro de 2011, sendo anunciado o início do julgamento a 18 de Junho de 2012.

Uma vez mais, é possível encontrar elementos de afinidade entre a «situação na Costa do Marfim» e outras investigações em curso no TPI, destacando-se aqui semelhanças como:

- As investigações na Costa do Marfim incidirem sobre actos de violência ocorridos na sequência da publicação de resultados eleitorais (caso da «situação no Quénia»);
- O único suspeito das investigações é uma personalidade influente e com capacidade mobilizadora tal que, se for condenado, poderá ser afastado definitivamente da política interna e contribuir, em

---

²⁹⁵ Cfr.«Confirmation de la Déclaration de reconnaissance», *International Criminal Court*, 14 de Dezembro de 2011. http://www.icc-cpi.int/NR/rdonlyres/498E8FEB-7A72-4005-A209-C14BA374804F /0/ReconCPI.pdf

²⁹⁶ LAURENT GBAGBO é acusado de co-autoria moral na prática de 4 crimes entre 16 de Dezembro de 2010 e 12 de Abril de 2011, designadamente: homicídio (art. 7º, nº 1, al a) do ER), violação e outras formas de violência sexual (art. 7º, nº 1, al. g)), perseguição de um grupo ou colectividade (art. 7º, nº 1, al. h)) e outros actos desumanos (art. 7º, nº 1, al. k)). Cfr. «The Prosecutor v. Laurent Gbagbo», *International Criminal Court*, s.d.. http://www.icc-cpi.int/menus/icc/situations%20and%20cases/ situations/icc0211/situation%20index?lan=en-GB.

larga medida, para a estabilidade no país («situação na RCA», «situação no Uganda», «situação na RDC» e «situação no Quénia»);
- A acusação, que recai sobre um representante do poder político («situação no Quénia», «situação no Sudão» e «situação na Líbia);
- Um Estado que não é parte no Estatuto de Roma, embora seja signatário, mas reconhece a jurisdição do TPI como a mais capaz para fazer justiça numa situação considerada como socialmente fracturante («situação na RCA»);
- O comportamento parcial do Tribunal ao pretender reforçar a «justiça dos vencedores» e desprezar eventuais crimes praticados pela parte vitoriosa, existindo, assim, sérias dúvidas de que a acção do TPI seja capaz de contribuir para a paz efectiva na Costa do Marfim («situação na RDC», «situação no Uganda», «situação na RCA» e «situação na Líbia»).

Na verdade, consideramos que uma investigação mais abrangente do TPI na «situação na Costa do Marfim» poderia contribuir para coibir quaisquer tentativas de ingerência da parte de outros Estados – como os casos do Burquina Faso e Libéria, em 2002, sobre a Costa do Marfim – na situação política e de segurança dos países vizinhos.

Em sentido contrário, a «situação na Costa do Marfim» traz algumas novidades relativamente ao exercício da acção penal pelo TPI, diferindo das restantes 6 situações em análise pelo facto de:

- Incidir as investigações sobre um período de tempo diferente do inicialmente proposto – dos crimes praticados após a tentativa de golpe de Estado de 2002 para as atrocidades cometidas após as eleições presidenciais de 2010 –, ignorando as pretensões iniciais do TPI para exercer a sua jurisdição na Costa do Marfim;
- Acusar e julgar um antigo Chefe de Estado, afastado do poder, em larga medida, pela intervenção militar internacional no país, e depois de no passado o Tribunal ter requerido a colaboração dessa mesma personalidade;
- Tratar-se do primeiro caso investigado pelo TPI na região da África Ocidental, após uma tentativa fracassada, no passado, neste mesmo país.

5. Outros Exemplos da Resistência Africana a Concepções Ocidentais

> «If you talk to a man in a language he understands, that goes to his head. If you talk to him in his language, that goes to his heart.»[297]

A crescente resistência dos Estados africanos à jurisdição do TPI é o reflexo de uma tendência do continente para rejeitar modelos considerados estranhos aos seus conceitos tradicionais que tenham como objectivo uma adaptação dos padrões africanos aos valores e à cultura ocidental de inspiração cristã. Ao longo da história da Humanidade sucedem-se os exemplos de tentativas de um povo impor os seus valores sobre um segundo como forma de garantir a sua supremacia e a perpetuação dos seus costumes, rejeitando, deste modo, aquilo que lhe é estranho, expandindo, ainda, a sua presença territorial.

África foi alvo de semelhantes abordagens durante a presença dos colonos europeus, pretendendo estes a exploração dos recursos dos primeiros e a expansão do seu império. Este movimento conheceu a sua fase mais intensa após a Conferência de Berlim, de 1885, cuja consequência foi a partilha e ocupação do continente africano, o que desencadeou uma acesa disputa das várias potências da época em torno da exploração de território virgem.

---

[297] NELSON MANDELA.

Os resultados são sobejamente conhecidos, tais como:

- A divisão do continente a «régua e esquadro», ignorando a distribuição das populações que habitavam nos territórios;
- A concentração de povos e tribos rivais num mesmo território e a sua sujeição à «lei do mais forte», sendo este um factor ainda hoje responsável por guerras entre grupos étnicos que disputam recursos naturais ou mantêm acesas rivalidades em torno da influência num determinado território;
- A luta pela ascensão de uma etnia sobre os demais que integram o território de um mesmo Estado, podendo falar-se em Estado, mas não em Nação;
- A celebração de acordos de protectorado, ao abrigo dos quais os povos consentiam na negação da sua soberania em troca de protecção e da adopção dos valores do protector[298].

Durante a Guerra Fria assistiu-se a uma continuação da tendência de «ocupação» do mundo, desta vez dividido entre as duas grandes potências, Estados Unidos e URSS[299], qual Tratado de Tordesilhas dos tempos modernos. Aqui, e uma vez mais, a luta pela influência era desenvolvida com base num pragmatismo dos dois actores dominantes, os quais disponibilizavam apoio financeiro, político e militar em troca da promoção dos valores e ideologias capitalista ou comunista. Em África, e num aproveitar dos movimentos independentistas iniciados na década de 1950, esta disputa produziria impacto directo nos níveis de estabilidade interna e regional, cujos efeitos ainda hoje se verificam em alguns países[300].

Com o fim da II Guerra Mundial, o repúdio e censura da Comunidade Internacional, no seu todo, ao desprezo evidenciado pelo regime nazi para com o Ser Humano teria como consequência a afirmação do

---

[298] Sobre o tema e, em particular, sobre os acordos de protectorado de Portugal em Cabinda, ver António Dias Madureira, «Cabinda: de Chinfuma a Simulambuco», *Histórias de Portugal N48*, Lisboa, Editorial Estampa, 2001.

[299] União das Repúblicas Socialistas Soviéticas.

[300] A título de exemplo, sublinhem-se os casos das guerras entre Somália e Etiópia, ou das guerras civis em Angola e Moçambique

Direito Internacional Humanitário, à escala universal, através da aprovação da Declaração Universal dos Direitos Humanos (DUDH)[301], a 10 de Dezembro de 1948[302], no seguimento da aprovação da Carta das Nações Unidas[303].

Criada para garantir o compromisso global na protecção dos Direitos Humanos, a DUDH consagra princípios elementares e fundamentais de respeito pela dignidade do indivíduo (arts. 1º, 2º, 28º, 29º e 30º), prevendo ainda direitos, liberdades e garantias (arts. 3º e 21º) e direitos económicos, sociais e culturais (arts. 22º a 27º)[304].

Apesar de ter sido conjecturada para vigorar enquanto instrumento de *soft law*, actualmente, e por força da consagração de princípios gerais do Direito Internacional no seu texto, a Carta contribuiu para a consolidação desses mesmos princípios, alguns dos quais atingiram o nível de *ius cogens*[305], inspirando ainda à criação de outros instrumentos de protecção de determinados Direitos Humanos[306].

---

[301] Inicialmente baptizada «Declaração Universal dos Direitos do Homem», o crescente reconhecimento dos direitos das mulheres e a consequente intenção de eliminar factores passíveis de potenciar a discriminação em função do género precipitaram a revisão da terminologia. Assim, por força da Resolução 548 (VI) da Assembleia Geral das Nações Unidas, o documento viria a substituir a expressão «Direitos do Homem» por «Direitos Humanos». Cfr. ANA MARIA GUERRA MARTINS, *Direito Internacional dos Direitos Humanos*, Coimbra, Almedina, 2006, pp. 30-31.

[302] A DUDH foi aprovada em sede de ONU com os votos favoráveis de 48 Estados e 8 abstenções.

[303] A Carta das Nações Unidas (CNU) já continha alguns princípios gerais relacionados com os Direitos do Homem (arts. 1º, nº 3; 55º, alínea c); 56º e 76º).

[304] Sobre o tema, em geral, e sobre os instrumentos criados com vista à concretização e protecção de direitos previstos na DUDH, ver JORGE MIRANDA, op. cit., pp. 300-310.

[305] *Ibidem*.

[306] Entre outras, destacam-se a Convenção para a Prevenção e Repressão do Crime de Genocídio (1948); a Convenção sobre os Direitos Políticos da Mulher (1952); a Convenção sobre a eliminação de todas as formas de discriminação racial (1965); o Pacto Internacional sobre Direitos Civis e Políticos (1966); o Pacto Internacional sobre os Direitos Económicos, Sociais e Culturais (1966); a Convenção sobre Eliminação de Todas as Formas de Discriminação Contra a Mulher (1979); a Convenção contra a Tortura e Outras Penas ou Tratamentos Cruéis, Desumanos ou Degradantes (1984); ou a Convenção sobre os Direitos da Criança (1989).

Contudo, o facto de, à data da sua celebração, o número de Estados independentes ser manifestamente menor daquele que temos hoje[307] considerando que a DUDH reflecte os princípios e valores acordados, em grande parte, entre os países aliados que venceram a Guerra e conceberam a Carta das Nações Unidas[308] seriam factores determinantes para associar à Declaração os ideais kantianos de universalização dos Direitos Humanos.

Com efeito, esta realidade acabaria por ser determinante para a criação de sistemas regionais próprios de protecção de Direitos Humanos, baseados nos valores e tradições locais, alguns dos quais com vista a evitar a aplicação de instrumentos universais, algo que comprometeria a vigência de padrões de um conjunto de povos específicos.

Foi nesta conjuntura que surgiu, entre outros[309], a Carta Africana dos Direitos Humanos e dos Povos (CADHP), documento adoptado a 28 de Junho de 1981, em sede de Conferência dos Chefes de Estado e de Governo da Organização de Unidade Africana (OUA)[310], realizada em Nairobi (Quénia), que resulta da concertação entre os vários Estados africanos inspirados pelas correntes nacionalistas dos movimentos independentistas e que procura consagrar a visão africana dos Direitos Humanos.

O silêncio e a vergonha dos povos africanos, que perduraram ao longo dos vários séculos de domínio europeu davam agora lugar à ânsia de afirmação dos seus valores e tradições, no âmbito do direito à autodeterminação dos povos, promovido pela Carta das Nações Unidas[311],

---

[307] Recorde-se que eram 53 os membros da ONU, em 1948, data da celebração da DUDH, e hoje são 193, o que representa quase uma quadruplicação. Cfr. «Founding Member States», *Organização das Nações Unidas*, s. d.. http://www.un.org/Depts/dhl/unms/founders.shtml; «Members States of the United Nations», *Organização das Nações Unidas*, s. d.. http://www.un.org/en/members/#text.

[308] Nomeadamente, os Estados Unidos, o Reino Unido, a França e a Rússia. Para uma análise à evolução histórica da ONU, ver PAULA ESCARAMEIA, «Uma leitura da Carta da Organização das Nações Unidas», *O Direito Internacional...*, pp. 73-96.

[309] Designadamente, a Carta da Organização dos Estados Americanos e a Convenção Interamericana de Direitos do Homem (1969), a Declaração de Direitos do Homem do Islão (1990) e a Carta Árabe de Direitos do Homem (1994).

[310] A 9 de Julho de 2002, a OUA deu lugar à União Africana (UA).

[311] Cfr. art. 1º, nº 2 da CNU.

constituindo a CADHP o resultado de um conjunto de iniciativas desenvolvidas pela OUA, desde a sua criação, em 1963, até ao final da década de 1970.

Além das críticas tecidas ao documento[312] – nomeadamente relacionadas com a ambiguidade de direitos e com questões referentes à comunicação de terceiros das violações ao conteúdo da Carta por um Estado Parte (arts. 55º a 59º) –, é reconhecido que a Carta Africana mantém alguns conceitos partilhados pelos países ocidentais, designadamente, no que diz respeito ao reconhecimento do carácter indissociável que os direitos civis e políticos têm face aos direitos económicos, sociais e culturais, sendo os primeiros vistos, em certa medida, como complementares dos últimos.

Assim, entre as especificidades que caracterizam este documento, assinalam-se, desde logo, o reconhecimento de direitos ao Homem (arts. 1º a 18º) e aos povos (arts. 19º a 24º), bem como a imposição de deveres do indivíduo (arts. 27º a 29º). O reconhecimento de deveres à pessoa, embora não sendo inédito[313], é consideravelmente ambicioso ao consagrar os deveres do indivíduo para com «os seus semelhantes» (art. 28º) bem como os seus «deveres para com a família e a sociedade» (art. 27º)[314].

Ora, o facto de a família e a sociedade surgirem antes do respeito ao próximo, constitui prova inequívoca da posição que as tradições africanas ocupam na hierarquia social, criando, indirectamente, um sujeito de Direito Internacional que carece de uma tutela que deve ser efectuada através da limitação ao exercício dos direitos individuais pelos «direitos de outrem, da segurança colectiva, da moral e do interesse comum» (art. 27º, 2ª parte).

---

[312] Para uma análise geral à CADHP, cfr. MARIA JOSÉ MORAIS PIRES, «Carta Africana dos Direitos Humanos e dos Povos», *Gabinete de Documentação e Direito Comparado*, 1999. http://www.gddc.pt/actividade-editorial/pdfs-publicacoes/7980-b.pdf.

[313] Cfr. «Declaração Americana de Direitos e Deveres do Homem», *Faculdade de Direito da Universidade de Coimbra*, s. d.. http://www.fd.uc.pt/igc/enciclopedia/documentos/instrumentos _regionais/ america/decl_americana_dtos_dev_homem.pdf.

[314] A clara separação entre direitos e deveres denota um afastamento do entendimento dos países ocidentais que se concentram exclusivamente nos direitos do indivíduo, tendendo a considerar que o simples reconhecimento de direitos confere-lhe, simultaneamente, deveres, funcionando num regime de reciprocidade.

Outro factor importante está relacionado com a ambiguidade de alguns preceitos, algo que acreditamos não ser fortuito, antes propositado, ilustrando a iniciativa de criar um documento que justifique a resistência dos Estados africanos a conceitos ocidentais, sem comprometer a larga margem de discricionariedade reservada aos Estados. Deste modo, não só a União Africana evita manifestações de ingerência na política interna dos seus membros, como também mantém intactos os exercícios de soberania por cada um dos Estados[315].

Ao contrário dos países ocidentais, cuja concepção de Direitos Humanos destaca a pessoa enquanto indivíduo ou ser isolado, que ocupa uma posição sagrada de topo na hierarquia da sociedade – acima da soberania do Estado –, em África, a realidade é distinta, predominando, tal como nos ideais marxistas, a ideia de comunidade acima do indivíduo, em que o último não o é sem o primeiro. Este conceito está patente na célebre frase do filósofo queniano JOHN MBITI «I am because we are; and since we are, therefore I am»[316].

Neste contexto, IFEANYI A. MENKITI dá-nos uma excelente noção da visão africana sobre a importância da comunidade[317], demarcando-a da visão ocidental ao afirmar que:

- A formação do indivíduo é fruto da sua integração na comunidade e não de uma qualquer característica específica que detenha;

---

[315] O carácter sacro atribuído à soberania dos Estados e o princípio de não ingerência nos assuntos internos encontra-se consagrado nos art. 3º, al. b) e 4º, als. a) e g) do Acto Constitutivo da União Africana, cuja versão portuguesa está disponível para consulta no sítio da Faculdade de Direito da Universidade de Coimbra (http://www.fd.uc.pt/CI/CEE/OI/OUA/acto_constitutivo-uniao-africana.htm).

[316] O provérbio da etnia *akan* «uma pessoa não é uma palmeira, para poder sobreviver sozinha» realça a importância da comunidade para o indivíduo.

[317] Para o artigo do autor, ver IFEANYI A. MENKITI, «Person and Community in African Traditional Thought», *University of St. Thomas*, 1984. http://courseweb.stthomas.edu/sjlaumakis/Reading%203-AFRICAN%20VIEW.pdf. Para uma opinião complementar e mais actual deste entendimento onde se defende um comunitarismo mais moderado, ao atribuir um valor reforçado ao indivíduo enquanto elemento fundamental para a existência da comunidade, ver KWAME GYEKYE, «Person and Community in African Thought», *The African Philosophy Reader*, África do Sul, P. H. Coetzee e A. P. J. Roux (Edição de Autor), s. d., pp. 317-336.

- A pessoalidade, embora reconhecida, pode não ser plenamente adquirida pelo indivíduo;
- A aquisição plena da pessoalidade não é atribuída automaticamente ao indivíduo, por via do seu nascimento, antes deve ser conquistada ao longo da vida, pois «quanto mais velho o indivíduo é, mais pessoa ele é», o que ilustra o peso da idade na comunidade, enquanto factor de experiência e sabedoria[318].

A idade, enquanto garante de experiência e sabedoria, constitui um importante elemento estruturante dos valores africanos, de acordo com os quais o ancião ocupa um lugar estratégico na comunidade, ao pesar, não raras vezes, no cargo hierárquico de liderança que ocupa na sociedade, em associação com as autoridades administrativas[319].

Assim, e uma vez mais ao contrário do entendimento ocidental – segundo o qual o destacamento de alguém para um cargo de liderança pode resultar de múltiplos factores, como uma decisão de uma sociedade organizada democraticamente, sem ter como base o critério da idade, ou da experiência, passando até por outros critérios como a cooptação, etc –, na África tradicional, a liderança está habitualmente reservada àqueles que detenham maior experiência ou gozem de um estatuto tal que o respeito pela sua pessoa permite granjear o apoio e a confiança de um povo.

---

[318] Ver IFEANYI A. MENKITI, op. cit., p. 173.
[319] Os chefes tradicionais dos Estados africanos da era moderna são essencialmente «líderes locais e/ou políticos que criam pontos de comunicação e interconexão entre os governos centrais e os meios rurais», motivo pelo qual são acusados de serem «fantoches» do poder central. Cfr. ASLAK JANGARD ORRE, «Entrenching the Party-State in the Multiparty Era – Opposition Parties, Traditional Authorities and New Councils of Local Representatives in Angola and Mozambique», *Faculdade de Direito da Universidade Nova de Lisboa*, 2010, pp. 44-55. http://www.fd.unl.pt/docentes_docs/ma/amg_MA_11156.pdf. Exemplo paradigmático desta afirmação é evidente na Etiópia, onde os líderes *kebele* e *woreda* – órgãos tradicionais de poder local –, enquanto, simultaneamente, porta-vozes do partido dominante, concentram um número considerável de poderes por forma a influenciar o sentido de voto da população. BEN RAWLENCE, LESLIE LEFKOW, «"One Hundred Ways of Putting Pressure" – Violations of Freedom of Expression and Association in Ethiopia», *Human Rights Watch*, 24 de Março de 2010. http://www.hrw.org/sites/default/files/reports/ethiopia0310webwcover.pdf.

Neste quadro, e por integrar o entendimento tradicional africano a ideia de que o «chefe» é aquele sobre quem recai a responsabilidade de proteger os interesses da comunidade – sendo este o elemento mais respeitado e raramente desafiado pelo indivíduo –, é natural a previsão de princípios na CADHP que abrem margem à discricionariedade dos Estados no que à materialização e imposição de limites dos direitos da pessoa diz respeito.

Por este motivo, é sem surpresa que a CADHP consagra direitos do indivíduo relativamente ambíguos, relegando, não raras vezes, os limites ao seu exercício à «lei», sem que se concretize tal conceito, sem que a Carta assegure *ab initio* a sua previsão de forma clara, impedindo a livre interpretação por regimes autoritários. Cada Estado, representado pela elite dominante, mais do que qualquer outra entidade, sabe o que entende por lei e que interpretação dar aos direitos previstos na Carta[320].

O elevado número de Estados africanos que são parte na CADHP[321] atesta a vontade do continente em demarcar-se de padrões considerados ocidentais, pretendendo contribuir para a projecção e afirmação da cultura e identidade africanas à escala global, numa realidade ainda consubstanciada pela tendência de aprovação de outros documentos que versam sobre Direitos Humanos específicos[322].

---

[320] Outro facto que atesta a intenção de conceder discricionariedade aos Estados em matérias que poderiam comprometer a sua soberania diz respeito aos direitos económicos e sociais previstos na Carta: se o direito de trabalhar (art. 15º), de receber salário igual por um trabalho igual (art. 15º), à educação (art. 17º), à participação na vida cultural (art. 17º) e à protecção moral dos valores tradicionais da Comunidade (art. 17º) se encontram consagrados de forma vaga – diminuindo o âmbito do direito que se pretende proteger, por se entender caber a cada um dos Estados a concretização casuística destes direitos – importará destacar que outras questões vistas como comuns a todos os Estados africanos – casos do direito á saúde (art. 16º) e a protecção da família enquanto «base da sociedade» (art. 18º) – gozam de um grau de precisão maior, reforçando a sua tutela na CADHP.

[321] Actualmente, 53 Estados africanos – incluindo a República Árabe Saharaui Democrática – são signatários da CADHP, sendo a única excepção feita a Marrocos, por não ser Estado-Membro na União Africana.

[322] Prova cabal desta afirmação reside na Carta Africana dos Direitos e do Bem-Estar da Criança (1990) e no Protocolo à Carta Africana dos Direitos do Homem e dos Povos sobre os Direitos da Mulher em África (2003), embora, ao contrário do que sucede com a CADHP, o número de ratificações seja manifestamente menor, o que se

5.1. Universalismo Ético vs Relativismo Cultural

> «It was never the people who complained of the universality of human rights, nor did the people consider human rights as a Western or Northern imposition. It was often their leaders who did so.»[323]

O movimento de resistência africana a instrumentos que reproduzam concepções ocidentais de protecção aos Direitos Humanos é ilustrativo do fosso existente entre os valores e as tradições comuns aos Estados africanos e aqueles vigentes entre os países ocidentais. Porém, admite-se que as iniciativas dos últimos – liderados por Estados Unidos e União Europeia –, no sentido de levarem África a abandonar uma identidade cultural marcadamente ancestral e a abraçar um conjunto de princípios universais, tiveram como motivação inicial a tentativa de garantir regimes que conferissem estabilidade social e reduzissem, significativamente, a probabilidade de ocorrerem conflitos nos seus territórios, forçando a uma consequente intervenção da Comunidade Internacional.

A batalha geopolítica travada entre Estados Unidos e URSS, durante a Guerra Fria, revelaria uma luta por influências entre duas potências cujas diferenças se resumiam, essencialmente, a questões ideológicas e económicas, ignorando o valor das características culturais dos destinatários das suas acções[324]. De facto, a luta pela protecção dos Direitos Humanos deixou de ser vista como uma obrigação moral da Comunidade Internacional para se tornar num meio para atingir um fim: a supremacia de uma potência sobre a outra.

Aqui, África ocuparia um lugar central, pois os apoios aos movimentos independentistas do continente não teriam como principal motivação a autodeterminação dos povos, antes o aumento do número de

---

justifica com o facto de se tratarem de instrumentos com preceitos de interpretação mais restrita, que tendem a reduzir a margem de discricionariedade dos Estados sobre os mesmos.

[323] Kofi Annan.
[324] Cfr. Simon Murden, «Culture in world affairs», *The Globalization of World Politics: an introduction to International Relations*, Nova Iorque, Oxford University Press, 2001, p. 458.

Estados independentes enquanto potenciais «clientes» da ideologia capitalista ou comunista, pretendendo, com isso, reforçar as respectivas posições em sede de Nações Unidas, cujo core de acção circunscrevia--se, na altura, à Assembleia Geral[325].

Com o fim da Guerra Fria, e consequente início de uma nova era de globalização, o ocidente emergiria vitorioso e, com ele, uma corrente capitalista/liberal que urgia à necessidade de compreensão da multiplicidade de culturas enquanto via para o convívio entre os povos, agora mais próximos entre si por força da crescente eliminação das barreiras que os separam.

Desta abertura do mundo a novas culturas surgiria o reforço da aplicação de mecanismos capazes de garantir estabilidade nas relações entre os povos, despontando, uma vez mais, o universalismo ético constante da Declaração Universal dos Direitos Humanos, que consagrava a existência de um conjunto de Direitos Humanos comuns a todos os povos.

O nível de exactidão dos preceitos da Declaração gera um problema relativamente à sua interpretação que decorre do conflito de interesses e de diferenças ideológicas e socioculturais típicas do início de uma era marcadamente multiculturalista. A ambiguidade em torno da diversidade interpretativa dos preceitos da DUDH colide com o padrão universal de Direitos Humanos que se pretende aplicável e justificável, independentemente das variações culturais, das tradições religiosas e dos contextos sociais de destino. Só assim se explica que o conceito tenha vindo a incluir uma panóplia de direitos universais questionáveis, impostos, uma vez mais, pelos países do bloco ocidental, sendo disso exemplo as iniciativas de promoção e imposição da chamada «boa governação»[326].

---

[325] Importa recordar que, durante o período da Guerra Fria, o Conselho de Segurança era um órgão praticamente paralisado, pela falta de consenso frequente entre as duas potências dominantes de então: EUA e URSS. Cfr. PAULA ESCARAMEIA, «Quatro Anos das Nações Unidas – Testemunhos, Impressões, Especulações», *O Direito Internacional...*, pp. 97-122.

[326] Ou «Good Governance», no seu termo original. Para mais sobre o tema, cfr. KEMPE RONALD HOPE, «The UNECA and Good Governance in Africa», *Comissão Económica*

De acordo com este conceito, a gestão transparente e responsabilizável dos recursos – através da crescente democratização do país, da igualdade de oportunidades e do aumento da transparência dos Estados – conduz ao desenvolvimento e à protecção dos Direitos Humanos de segunda geração, criando, simultaneamente, condições para o exercício dos direitos civis e políticos. Esta campanha tem sido difundida, permanentemente, por Washington no continente africano, conhecendo o seu expoente máximo em 2009, durante o périplo da Secretária de Estado HILLARY CLINTON a sete Estados deste continente, incluindo Angola e Cabo Verde[327].

A afirmação «sim, é possível a boa governação em África»[328] atesta que a interpretação extensiva dos Direitos Humanos, sem limites materiais, constitui largamente – e é como tal interpretada[329] – uma visão «ocidentalizante» que está a tentar impor-se no continente africano, à qual os destinatários parecem, cada vez mais, oferecer resistência, por

---

das Nações Unidas para África, Abril de 2003. http://www.uneca.org/dpmd/Hope_Harvard.doc.

[327] Cfr. JORGE HEITOR, «Sim, é possível a boa governação em África. Olhem para Cabo Verde!», *Público*, 14 de Agosto de 2009. http://www.publico.pt/Mundo/sim-e-possivel-a-boa-governacao-em-africa-olhem-para-cabo-verde_1396166.

[328] *Ibidem*.

[329] Este problema não é exclusivo do continente africano, verificando-se noutras partes do globo. Veja-se, a este propósito, o papel da NATO na crise do Kosovo, ao tentar legitimar a intervenção com base em resoluções do CSNU e na necessidade de impedir outras catástrofes humanitárias no ora reconhecido como país, actuando à margem da Carta das Nações Unidas. Esta situação reaviva a problemática da sujeição do Sudão à jurisdição do TPI, mesmo não sendo parte do ER, agindo o Tribunal à margem da Convenção de Viena. Cfr. BRUNO SIMMA, «NATO, the UN and the Use of Force: Legal Aspects», *European Journal of International Law – Vol. 10 – nº 1*, 1999, pp. 1-22. http://ejil.oxfordjournals.org/content/10/1/1.full.pdf+html. Neste mesmo sentido, ANTONIO CASSESE acrescenta que, uma vez preenchidos determinados requisitos, uma norma costumeira poderá emergir e legitimar o uso da força por um grupo de Estados, sem ser necessária a autorização prévia do Conselho de Segurança, o que poderá aumentar o grau de ameaça em torno da segurança global. Cfr. ANTONIO CASSESE, «*Ex iniuria ius oritur*: Are We Moving towards International Legitimation of Forcible Humanitarian Countermeasures in the World Community?», *European Journal of International Law – Vol. 10 – nº 1*, 1999, pp. 23-30. *European Journal of International Law – Vol. 10 – nº 1*, 1999. http://ejil.oxfordjournals.org/content/10/1/1.full.pdf+html.

pretenderem manter uma forma de governação livre que privilegie a protecção de elites.

Contudo, não deixa de ser curioso que em muitos destes Estados africanos vigore a cleptocracia, fenómeno este em tudo semelhante aos casos de clientelismo e corrupção verificados nos países ocidentais, divergindo apenas no beneficiário destes vícios. Em África, destaca-se a importância da comunidade, enquanto «família alargada», para justificar a protecção e concessão de privilégios ao clã ou à etnia de quem exerça o poder no país.

Ora, se, por um lado, tal motivo parece constituir um motivo inválido para justificar a resistência dos Estados africanos ao conceito de boa governação, por outro, revela que grande parte dos problemas com que o continente se depara desde a segunda metade do século XX até aos dias hoje decorrem dos erros cometidos durante e após a colonização[330], e que resultaram na integração de várias etnias e tribos num mesmo espaço, que, na maioria dos casos, não é mais do que um território sem nação, dada a multiplicidade de grupos étnicos que insistem na reivindicação da sua identidade ancestral[331] e resultam, não raras vezes, na sua segregação face aos demais.

Neste quadro, a existência um conjunto Direitos Humanos universais em expansão constante parece constituir (i) uma possível solução do Ocidente para tentar reparar erros do passado e (ii) uma forma de pressionar os regimes tendencialmente fechados e resistentes ao modelo capitalista/liberal a criarem oportunidades para outros actores que privilegiem, no futuro, uma abertura a este fenómeno de globalização,

---

[330] Neste sentido, é interessante analisar a opinião de BRUCE J. BERMAN que responsabiliza os países colonizadores pelo actual clima de clientelismo que assola a esmagadora maioria dos Estados africanos. BRUCE J. BERMAN, «Ethnicity, Patronage and the African State: the politics of uncivil Nationalism», *Oxford Journals – African Affairs*, 1998. http://afraf.oxfordjournals.org/content/97/388/305.full.pdf.

[331] É curioso constatar que, em África, e ao contrário do que se passa nos países ditos ocidentais, são raros os partidos políticos que defendem ideais de «esquerda» ou de «direita», prosseguindo antes agendas comuns a determinadas etnias ou clãs. Em Portugal, seria o mesmo que termos partidos compostos apenas por madeirenses, outros por algarvios, alentejanos e assim sucessivamente, se de etnias se tratassem.

tendo em vista o aumento da presença de agentes económicos ocidentais em novos mercados[332].

Após um período de desligamento do sentimento de igualdade entre os homens – evidente desde o período das Descobertas, com a inferiorização dos povos indígenas – é no Iluminismo que se assiste ao movimento inspirador dos instrumentos de protecção de Direitos Humanos como os conhecemos actualmente. Nesta era desponta novamente a ideia de uma ética universal, que teve em IMMANUEL KANT o seu grande precursor, ao defender, através da sua teoria dos imperativos categóricos, a existência de uma moral autónoma e sustentada na razão, que reconhece direitos e liberdades a todos os homens, independentemente de factores geográficos, étnicos, históricos ou sociais[333].

Esta ética universal kantiana é rejeitada por pensadores como HEGEL, que foi inspirado, por um lado, por questões de superioridade racial – ao reconhecer diferenças entre os homens e admitir que o desenvolvimento do conceito de liberdade apenas pode ocorrer numa determinada cultura, motivo pelo qual se torna fundamental a existência de diferenças culturais –, e, por outro, por questões ideológicas – ao atestar a existên-

---

[332] É por demais evidente a aversão das potências ocidentais a países que manifestem resistência à adopção de padrões ditos típicos dos países ocidentais, misturando as suas críticas com alegadas violações de Direitos Humanos, sendo disso exemplo, em África, Estados como a Eritreia ou o Zimbabué. Contudo, é patente a adopção de dois pesos e duas medidas pelas potências ocidentais, as quais, evidenciando um pragmatismo nas relações internacionais, parecem ignorar a importância dos Direitos Humanos ao manterem relações privilegiadas com o Sudão, por questões relacionadas com a dependência energética, ou com a Etiópia, sede da União Africana, onde vigora um regime fortemente autoritário caracterizado pela existência de um sistema tácito de partido único no qual as oportunidades estão concentradas, exclusivamente, no partido do Primeiro-Ministro MELES ZENAWI, sucessivas vezes acusado de violações de Direitos Humanos por ONG como a *Human Rights Watch*. Cfr. «Collective Punishment – War Crimes and Crimes against Humanity in the Ogaden area of Ethipia's Somali Region», *Human Rights Watch*, 12 de Junho de 2008. http://www.hrw.org/sites/default/files/reports/ethiopia0608_1.pdf.
[333] A teoria de que o homem, ao nascer, adquire um conjunto de direitos fundamentais inalienáveis está ainda patente em autores como JOHN LOCKE (Segundo Tratado sobre o Governo) ou JEAN-JACQUES ROUSSEAU (O Contrato Social).

cia de várias filosofias e advogar que nenhuma pode ser refutada, pois que todas contém um quê de verdade[334];

Contudo, apesar de autores como ALASDAIR MACINTYRE[335] ou ABDULLAHI AHMED AN-NA'IM[336] rejeitarem a existência de um modelo universal de Direitos Humanos, é através de FRANZ BOAS que surge o conceito de «relativismo cultural», quando o pai da antropologia norte-americana rejeita o modelo evolucionista universal, por entender que este constitui um factor potenciador de etnocentrismo. Por este motivo defende a diversidade e especificidade de cada cultura, enquanto corolário de um desenvolvimento histórico concreto, influenciado ainda por factores geográficos e biológicos. Assim, BOAS nega assim a existência de uma hierarquia etno-cultural, reconhecendo igualdade entre as culturas, apesar das diferenças que as separam.

---

[334] Sobre o tema, cfr. PHILIP J. KAIN, *Hegel and the other – A study of the Phenomenology of Spirit*, Estados Unidos, State University of New York Press, 2005.

[335] ALASDAIR MACINTYRE advoga a inexistência de Direitos Humanos universais justificando que tal teoria foi criada na era moderna como forma de gerir as tensões internas à moral tradicional dos países ocidentais, pelo que «acreditar neles [Direitos Humanos universais] é o mesmo que acreditar em bruxas e unicórnios». MACINTYRE afirma ainda que o universalismo ético enfrenta uma crise profunda por entender que o indivíduo tem capacidade para aceder, por si próprio, a uma lei moral, universalmente válida para todos e em qualquer circunstância, independentemente de factores históricos ou tradições culturais. Cfr. ALASDAIR MACINTYRE, *After Virtue – A Study in Moral Theory*, Indiana, University of Notre Dame Press, 2007.

[336] ABDULLAHI AHMED AN-NA'IM rejeita o universalismo ético ocidental, embora reconheça algum mérito neste modelo – como a capacidade de integrar diferentes minorias religiosas dentro dos mesmos padrões de Direitos Humanos –, e critica o universalismo de matriz islâmica, por considerar que não existe uma só visão do Islão e que este tende a provocar efeitos negativos (i) ao inferiorizar os seguidores de outras religiões, (ii) ao aplicar entendimentos discriminatórios para com a mulher – mesmo sendo islâmica – ou (iii) ao desconsiderar opiniões das maiorias, fazendo prevalecer o entendimento e a vontade das elites. Cfr. ABDULLAHI AHMED AN-NA'IM, «Problems of Universal Cultural Legitimacy for Human Rights», *Emory Law*, s.d.. http://www.law.emory.edu/aannaim/pdfiles/dwnld17.pdf; do mesmo autor, «Islam and Human Rights: Beyond the Universality Debate», *Emory Law*, s.d... http://www.law.emory.edu/aannaim/pdfiles/dwnld13.pdf.

Por um lado, o universalismo kantiano é o reflexo de uma matriz judaico-cristã[337] passível de inspirar visões monistas radicais por parte de Estados que pretendam consolidar a sua hegemonia à escala mundial, através da imposição da sua cultura sobre as demais. Aceitar o universalismo ético, de forma incondicional, é, igualmente, assumir uma homogeneidade mundial inexistente, com base num conceito de sociedade mundial composta por pessoas com características comuns entre si, o que não é mais do que uma falácia, dada a multiplicidade e diversidade de culturas existentes.

Por outro lado, o reconhecimento do relativismo cultural *stricto sensu* implica o assentimento a um conjunto de valores e princípios distintos, reconhecendo-os como válidos, o que provocaria um elevado nível de abstracção passível de subverter o sistema em que cada um está inserido, não existindo uma resposta mais correcta do que qualquer outra que fosse dada.

Tal cenário poderia ser catastrófico por criar uma oportunidade para a repetição de actos semelhantes àqueles que despertaram a necessidade de a Comunidade Internacional se unir em torno da positivação das normas de Direito Internacional costumeiro que ofereciam poucas garantias na protecção de Direitos Humanos.

Pelos motivos referidos, é preciso resistir à tentação de ceder a um relativismo cultural excessivamente liberal, pois, como já vimos, tal conceito não é perfeito, abre margem à anarquização das sociedades e potencia a ocorrência de abusos por líderes de regimes anti-democráticos. Contudo, consideramos como solução equilibrada e viável a adopção de características específicas do relativismo cultural e outras do universalismo ético, defendendo, desde logo, a existência de um conjunto de Direitos Humanos que são comuns a todas as culturas.

---

[337] Aqui, S. TOMÁS DE AQUINO ocupou um lugar de destaque ao pugnar pela defesa da existência de uma lei geral comum a todos os homens, criada por Deus tendo como destinatários os seres por Ele criados - também chamada «lei eterna» –, a qual é complementada pela «lei natural», ou a «participação da lei eterna na criatura racional que lhe permite distinguir o bom e o mau». Cfr. RUY DE ALBUQUERQUE, MARTIM DE ALBUQUERQUE, *História do Direito Português – I Volume (1140-1415) – 1ª parte*, 10ª Edição, Lisboa, Pedro Ferreira, 1999, pp. 118-119; DIOGO FREITAS DO AMARAL, *História das Ideias Políticas*, vol. I, Coimbra, Almedina, 1998, pp. 172-173.

Assim, entendemos que a protecção de determinados valores importa à Humanidade no seu todo, independentemente dos valores partilhados por cada uma das comunidades isoladamente, pelo que avaliamos como possível a identificação do que Isaiah Berlin classifica como «regras tão geralmente aceites há tanto tempo que o seu cumprimento passou a fazer parte da própria concepção daquilo que se entende por um ser humano normal»[338].

Neste quadro de direitos incluem-se alguns de «primeira geração», em particular aqueles que, pela sua natureza, se afiguram essenciais à existência e à dignidade humanas. Desde logo consideramos que o direito à vida representa o mais elementar, e ao mesmo tempo, supremo dos direitos, por ser a partir dele que decorrem todos os outros. O desprezo pela vida humana será sintomático da ausência de instituições, valores e, quiçá, da inexistência de uma sociedade minimamente organizada, antes tratando-se de uma anarquia onde prevalece o mais forte.

Será possível conceber o exercício de qualquer direito civil, político, económico ou social sem antes garantir a protecção da vida humana? Parece-nos de todo impossível tal cenário, pelo que o interesse em garantir o direito à vida é comum a todas as culturas e o seu reconhecimento e protecção tendem a impedir a execução de homicídios individuais e colectivos arbitrários, bem como crimes de genocídio.

Contudo, o facto de a maioria dos Estados e comunidades disporem de mecanismos de protecção contra a violação deste direito, tal não impede que algumas culturas considerem a aplicação de regras excepcionais no que aos fins das penas diz respeito. Este fenómeno, por ser comum a países ocidentais[339], africanos[340] e asiáticos[341] impede a qualificação do direito à vida como direito absoluto e inviolável, de carácter universal.

---

[338] Isaiah Berlin, através de William Galston, «O pluralismo de valores e a filosofia política contemporânea», *Pluralismo sem relativismo*, Viseu, Imprensa de Ciências Sociais (Edição de Autor), Fevereiro de 2003, p. 33.
[339] Veja-se o caso dos Estados Unidos.
[340] Como o Sudão e a Etiópia.
[341] Casos variados, entre os quais China e Irão.

A mesma situação ocorre relativamente à protecção da integridade física. Por um lado, a violação deste direito parece encontrar-se abaixo do limiar moral mínimo da existência humana. Porém, as diferentes características e a multiplicidade de culturas existentes tendem a reflectir-se nas diferentes abordagens dos Estados, alguns dos quais prevêem, também aqui, causas de exclusão da ilicitude, ao admitirem, ainda que nem sempre expressamente, a violação deste direito, por exemplo, através da tortura.

Aqui, se os Estados ocidentais tendem a considerá-lo, uma vez mais, um direito tendencialmente absoluto, em virtude de considerar a protecção do indivíduo acima de qualquer outro bem, outros Estados – motivados por valores tradicionais ou religiosos que colocam a comunidade acima dos direitos individuais – admitem o recurso a soluções que garantam a protecção da segurança interna, embora alguns regimes africanos recorram à tortura como meio de garantir a perpetuação da elite dominante no controlo do país.

Se qualquer Ser Humano necessita da vida e da integridade física para garantir o mínimo da dignidade humana, o mesmo já não se poderá dizer de outros direitos, pelo que dúvidas subsistem quanto a um entendimento universal relativamente à protecção de direitos políticos, económicos, sociais ou de minorias.

Ainda que sujeita a condições, a defesa do relativismo cultural nestas questões apresenta-se como alternativa justificável ao universalismo. Sendo os Estados soberanos na determinação das regras e valores vigentes no seu território, aceita-se que alguns Estados vejam no multiculturalismo ou na importação de outros costumes e valores uma ameaça à ordem interna se tal se consubstanciar num possível enfraquecimento dos laços existentes entre os seus cidadãos, comprometendo a unidade do Estado.

Porém, entendemos que a repressão dos regimes africanos contra o que é «diferente» e a imposição de determinados valores pelas lideranças locais poderá contrariar a natureza humana e a comunidade a que pertencem, quando o povo, elemento fundamental para a existência de um Estado, se opõe ao que lhe é imposto.

A fim de avaliarmos a legitimidade dos governos africanos em resistirem à mudança e à entrada de novos valores e princípios nos territórios que administram, propomos soluções, fundadas em critérios objectivos, para duas situações distintas:

- Na primeira, se se verificar que a maioria da população se opõe às práticas e aos valores protegidos pelos governantes, recai sobre o poder político o ónus de justificar, com base em critérios objectivos, as motivações que consubstanciam a perpetuação de tal(tais) medida(s), de molde a garantir a sua legitimidade perante o povo[342]. A ser bem sucedido, opera-se uma inversão do ónus da prova em prejuízo do povo;
- No segundo, quando a oposição à decisão dos líderes políticos de um Estado corresponder à manifestação de uma minoria, caberá a esta a justificação da sua pretensão, o que se inverte, na eventualidade de conseguirem demonstrar que à satisfação da sua exigência corresponderá o bem da sociedade no seu todo.

Esta dicotomia entre os interesses da maioria e os de uma minoria(s) específica(s) terá, em primeira mão, a vantagem de adequar os valores, a cultura e a lei de um povo àquilo que a maioria efectivamente defenda, recuperando a ideia de «vontade geral» promovida por JEAN-JACQUES ROUSSEAU e muito bem advogada, entre nós, por LUÍS PEREIRA COUTINHO[343].

---

[342] Não incluímos aqui as questões relacionadas com movimentos secessionistas *lato sensu*, dado que a autodeterminação é reconhecida, internacionalmente, como o direito de um povo. Pense-se antes no exemplo de a maioria da população defender o livre acesso e utilização de armamento, e o Governo opor-se a esta reivindicação por entender que poderá estar em causa a segurança interna do Estado.

[343] O autor confronta a possível imutabilidade da Lei fundamental originária criada por uma geração com a problemática resultante de manter as gerações seguintes reféns de preceitos por vezes já rejeitados pela maioria, o que poderá desencadear movimentos de resistência à Lei. Para resolver o conflito, o autor propõe que as gerações que convivem num determinado momento com a Lei originária ultrapassem o princípio da soberania popular para superar a «patologia decisional», de forma a devolver «a autoridade da Constituição ao compromisso actualizado de um povo que se garante». Cfr. LUÍS PEDRO PEREIRA COUTINHO, *A Autoridade Moral da Constituição – Da Fundamentação da Validade do Direito Constitucional*, Coimbra Editora, 2009, pp. 343-375.

Num segundo plano, parece proteger os interesses dos Estados africanos que privilegiam a comunidade acima dos interesses individuais ao mesmo tempo que previne a vigência de Governos tiranos que gerem os Estados em função dos interesses de uma minoria – ou a protecção de um grupo como se se tratasse de um indivíduo que se coloca acima dos restantes – , negligenciando os interesses da comunidade. Desta forma, a comunidade, no seu todo, torna-se responsável pela mudança e adaptação dos seus costumes e tradições, bem como pela protecção dos seus interesses, impedindo a supremacia de elites e minorias, não raras vezes traduzidas num número reduzido de indivíduos que concentram em si o poder de decidir e aplicar decisões.

A frase de Kofi Annan que inicia o presente capítulo parece, assim, concretizar este entendimento, pois os principais críticos dos Direitos Humanos em África são os governantes e não o povo[344]. Embora se admita que alguns povos e comunidades sejam afectados por influências ocidentais, não será de aceitar que a maioria, enquanto parte dominante da comunidade, concentre em si a possibilidade de escolher que rumo seguir?

---

[344] O caso do TPI no Quénia é sintomático disso mesmo: enquanto, por um lado, os governantes tentam encontrar formas de fugir à justiça internacional que os próprios acolheram, por outro, 85% da população é favorável à acção do Tribunal. Cfr. nota 267.

5.2. A Questão da Reforma das Nações Unidas

> «*Similarly, as the process of globalization develops apace, enhancing the need for a multilateral process of decision making affecting both governments and the non-governmental sector, it is necessary that, acting together, we ensure that Africa, like other regions of the developing world, occupies her due place within the councils of the world, including the various organs of the United Nations*»[345].

À margem da criação de uma organização regional africana (a UA) e da celebração e consentimento em acordos e declarações adaptados à realidade e aos valores do continente, a emancipação dos Estados africanos, após o colonialismo, encontra-se ainda patente na posição africana em sede de Nações Unidas, com o intuito de garantir uma representação proporcional nos órgãos internacionais.

Num quadro de reforma da ONU, iniciado pelo seu antigo Secretário-Geral BOUTROS BOUTROS-GHALI – e desenvolvido, posteriormente, pelo seu sucessor, KOFI ANNAN –, África tem vindo a reivindicar um aumento da representatividade de Estados do continente nos órgãos e nas instituições da Organização, de modo a equilibrar as forças em presença e aumentar a sua capacidade decisória em questões globais.

Nesta conjuntura, a reforma do Conselho de Segurança tem sido aquela que desperta maior interesse, devido: (i) à importância que representa, por se tratar do órgão executivo com maior responsabilidade e prestígio dentro da ONU; (ii) a todos os benefícios decorrentes do estatuto de membro (sobretudo os permanentes) a ele associados; (iii) ao facto de ilustrar uma realidade geopolítica desfasada da realidade, fundamentada no panorama mundial do final da II Guerra Mundial, nomeadamente no que respeita à questão do surgimento exponencial

---

[345] Cfr. THABO MBEKI, «Speech by the Deputy President Thabo Mbeki at the United Nations University – The African Renaissance, South Africa and the World», *International Relations & Cooperation*, 9 de Abril de 1998. http://www.dfa.gov.za/docs/speeches/1998/mbek0409.htm.

de novos Estados[346] e ao aumento da influência do Conselho de Segurança; (iv) à concentração de poderes reservados a este órgão, ao abrigo dos capítulos VI e VII da Carta; (v) à necessidade de adequação às novas ameaças[347];

Ciente da escassez de representatividade dos países em vias de desenvolvimento na actual estrutura organizacional do Conselho de Segurança, KOFI ANNAN nomeou um painel de 16 personalidades dedicadas à identificação das actuais ameaças à segurança e à paz mundial, dos quais resultou a publicação de um relatório[348] que antecederia um outro, de ANNAN – de 2005, intitulado *In Larger Freedom* – , no qual o Secretário-Geral refere que «o Conselho de Segurança deve ser amplamente representativo das realidades de poder do mundo actual[349].

A publicação do relatório *In Larger Freedom* criou uma oportunidade para aqueles que há muito ambicionavam por mais poderes em sede de ONU, nomeadamente no seu órgão decisório de máxima importância, surgindo manifestações distintas dos vários quadrantes geográficos, nomeadamente:

- O Grupo dos 4 (G4)[350], que, apoiados por França e Reino Unido, sugere 6 novos membros permanentes – os quatro proponentes

---

[346] Cfr. nota 307.
[347] Nomeadamente o terrorismo de carácter transnacional, a proliferação de Armas de Destruição em Massa (ADM) e o crescente aumento do número de Estados falhados.
[348] Cfr. «Um Mundo Mais Seguro: A Nossa Responsabilidade Comum», *Organização das Nações Unidas*, 2 de Dezembro de 2004. http://www.un.org/secureworld/report.pdf.
[349] Cfr. «In Larger Freedom – Towards Development, Security and Human Rights for All», *Organização das Nações Unidas*, 21 de Março de 2005, parágrafo 169. http://daccess-dds-ny.un.org/doc/UNDOC/ GEN/N05/270/78/PDF/N0527078.pdf?OpenElement.
[350] O G4 trata-se de uma aliança celebrada entre um grupo de Estados composto por Alemanha, Brasil, Índia e Japão, formada com o intuito de se apoiarem mutuamente no objectivo comum de conquistarem um lugar permanente no Conselho de Segurança. Alemanha e Japão reivindicam os lugares de cargos permanentes por se tratarem dos Estados que mais financiam a ONU, imediatamente após os EUA. Já as motivações de Brasil e Índia são essencialmente sociais: o primeiro, por se tratar do país com maior densidade populacional da América Latina e a segunda enquanto segundo país com maior densidade populacional do mundo, pretendendo, concomitantemente, contrabalançar a influência da China na Ásia.

mais dois africanos – e 4 vagas adicionais para membros não permanentes, considerando a possibilidade de atribuição de poder de veto aos novos membros permanentes após um período experimental de 15 anos[351];
- O *Uniting for Consensus* (UfC)[352], que se opõe à criação de mais lugares para membros permanentes, mas, apesar de numa fase inicial defender a criação de mais 10 lugares disponíveis para assentos não permanentes passíveis de renovação findos os dois anos de mandato, agora considera o mesmo número proposto, porém com mandatos mais longos (entre 3 a 5 anos), sem possibilidade de reeleição;
- A União Africana, que, em virtude de a agenda do Conselho de Segurança incidir, essencialmente, em questões relacionadas com África[353], propõe a expansão do Conselho de Segurança à entrada de 6 novos membros permanentes (com direito de veto) e 5 não permanentes, em que 2 permanentes e 3 não permanentes estão reservados a Estados-Membros da organização regional africana;
- A Liga Árabe que, com o apoio da França, apesar de não apresentar nenhuma proposta formal, exige um lugar permanente para um representante árabe;
- A Organização da Conferência Islâmica que sugere um modelo de representação das maiores civilizações, incluindo a comunidade (*Ummah*) islâmica, como alternativa ao modelo de representação estatal;

---

[351] Os Estados Unidos apoiam a pretensão do Japão, porém, pretendem limitar o alargamento do Conselho de Segurança a dois Estados.

[352] O UfC, ou *Coffee Club*, é um grupo composto por cerca de 40 Estados, entre outros, a Argentina, a Coreia do Sul, a Espanha, a Itália, o México e o Paquistão, organizado com o objectivo de bloquear as pretensões do G4. Neste sentido, a Argentina e o México opõem-se às ambições do Brasil; Espanha e Itália opõem-se à Alemanha; a Coreia do Sul, ao Japão; e o Paquistão, à Índia.

[353] Em 2005, o então Presidente nigeriano, OLUSEGUN OBASANJO, declarou que «os conflitos em África ocupam 70% da agenda e do tempo do Conselho de Segurança». Cfr. «Africa demands UN Security Council veto», *Breaking News*, 5 de Agosto de 2005. http://www.breakingnews.ie/archives/2005/0805/world/africa-demands-un-security-council-veto-214822.html.

- Os *Small Five* (S5)[354], que se opõem ao alargamento do Conselho de Segurança, justificando que a reforma dos métodos de trabalho deste órgão e a revitalização da Assembleia Geral contribuirá para que alguns Estados membros aceitem a sua não inclusão no Conselho de Segurança;
- A Alemanha, que, à margem do G4, promove a sua candidatura, justificando-a com a criação de um lugar permanente em representação da UE.

Em função da profusão de propostas apresentadas, não deixa de ser curiosa a posição da União Africana, que, uma vez mais, avança como um bloco homogéneo, assumindo-se como a única organização regional que sugere um modelo genérico que merece a unanimidade entre Estados-Membros. Esta proposta parece ainda aproximar-se da sugerida pelo G4 no número total de novos membros permanentes (6) e nos reservados ao continente africano (2) – embora divirja na questão do veto – sendo apoiada por França e Reino Unido, dois dos actuais membros do P5.

Apesar do acordo africano relativamente ao número de assentos permanentes reservados a representantes do continente, a coesão não se verifica no que respeita à decisão sobre quais serão os países beneficiados e apoiados pelos restantes, o que, concomitantemente, projectará a sua imagem externa abrindo caminho à concessão de privilégios políticos e económicos.

Assim, numa primeira linha de prioridade encontram-se Nigéria e África do Sul, na qualidade de potências regionais e Estados africanos que mais contribuem para missões de paz internacionais[355], embora outros Estados acalentem a esperança de conquistar o lugar de membro permanente, nomeadamente Angola[356].

---

[354] Grupo composto por Costa Rica, Jordânia, Liechtenstein, Singapura e Suíça.

[355] No caso da Nigéria há ainda que considerar o facto de se tratar do maior produtor de petróleo do continente africano. Cfr. «Nigeria country profile», *BBC*, 30 de Novembro de 2010. http://news.bbc.co.uk/2/hi/africa/country_profiles/1064557.stm.

[356] A esperança de Angola – embora provavelmente vã, pois se o critério de nomeação depender da representação regional, a África do Sul parece ser o Estado que beneficiará da vaga pela influência e prestígio de que goza na região e à escala global – reside no facto

No caso da África do Sul constituem-se como factores importantes à sua posição privilegiada o estatuto internacional adquirido pelo país desde a ascensão de NELSON MANDELA à Presidência, em 1994, bem como a posição de liderança que ocupa em sede de SADC, uma das organizações regionais mais importantes do continente africano.

Paralelamente, e contrariando alguma tendência de ingenuidade característica na maioria dos Estados africanos, há que considerar o pragmatismo evidenciado pela África do Sul, factor que tem sido fundamental para que se projecte internacionalmente por via:

- Do grau de empenhamento na promoção do Direito Internacional Humanitário, tornando-se parte em importantes tratados e convenções internacionais[357];
- Da defesa incondicional ao TPI, contrariando a tendência de resistência da esmagadora maioria dos Estados africanos à acção do Tribunal, para garantir uma imagem de credibilidade junto dos países ocidentais;
- Dos meios diplomáticos, quer por via da promoção do princípio «soluções africanas para conflitos africanos», quer defendendo os interesses africanos em sede de ONU[358] ou outros fora internacionais.

Tal ambiguidade de comportamento, se, por um lado, marca a chegada da África do Sul ao mundo da *realpolitik*, por outro, poderá ser determinante para garantir um apoio dos Estados ocidentais na obtenção de uma eventual vaga de membro permanente do Conselho de Segurança, acrescentando ainda o apoio da China – parceiro primordial em matéria económica e militar que vê na África do Sul um dos pilares da sua presença no continente africano.

---

de se tratar de um dos maiores produtores de petróleo do continente africano, argumento que parece manifestamente insuficiente.

[357] Cfr. nota 127.
[358] Importa recordar que, aquando da sua presença no Conselho de Segurança para o biénio 2007-2008, a África do Sul defendeu as causas de Sudão e Zimbabué, aproveitando para projectar a sua imagem pelo exercício da mediação entre as partes em conflito.

De semelhante modo, a acção do «Fórum de Diálogo Índia-Brasil-
-África do Sul» (FDIBAS) poderá ser fundamental para a prossecução da
estratégia sul-africana. A criação do FDIBAS[359] surge no seguimento da
crescente perda de influência dos Estados Unidos e reúne as principais
potências dos continentes sul-americano, africano e asiático[360] com afi-
nidades entre si[361], que têm como principal objectivo tornarem-se parte
activa no processo de tomada de decisão do Grupo dos 8 (G8)[362-363].

Simultaneamente, e ilustrando a ambição da *troika* em alcançar, cada,
um lugar como membro permanente no Conselho de Segurança, os
Governos de Índia, Brasil e África do Sul acordaram no reforço da cooperação entre si, de molde a acelerar o processo de reforma da ONU,
em particular o Conselho de Segurança, exigindo o aumento da representação de países em vias de desenvolvimento e uma maior amplitude
das áreas geográficas que participam no órgão, num reflexo da actual
conjuntura geopolítica.

Apesar do número reduzido de membros do FDIBAS, o facto de se
tratarem de três potências regionais poderá ser determinante para uma
eventual conquista de lugares permanentes no Conselho de Segurança
da ONU. Este factor é tanto ou mais importante se se considerar que

---

[359] O FDIBAS foi criado em 2003 e, enquanto órgão que pretende sobressair no panorama
internacional, tem em vista a promoção do diálogo entre os países subdesenvolvidos do
Sul, o combate ao terrorismo, aos crimes internacionais, à prevenção de desastres naturais
e às ameaças públicas, ao desenvolvimento económico e social, ao fim da discriminação e
a preservação de gerações futuras, a cooperação tecnológica, o respeito ao meio ambiente
e à biodiversidade, a necessidade de promover uma globalização mais justa e solidária
e a continuação de diálogos entre as três regiões. Cfr. «Declaração de Brasília», *Fórum
IBAS*, 6 de Junho de 2003. http://www.forumibsa.org/publicacoes/declaracao_de_bra-
silia_06-06-2003.doc.

[360] A Índia não é a grande potência asiática da actualidade, mas integra os BRIC, grupo
de economias emergentes composto por Brasil, Rússia e China.

[361] Nomeadamente no que diz respeito aos elevados índices de democracia, à partilha
de problemas sociais semelhantes e à partilha de visões semelhantes para as principais
questões mundiais.

[362] O G8 integra os Estados Unidos, o Japão, a Alemanha, o Reino Unido, a França, a
Itália, o Canadá e a Rússia.

[363] Para uma consulta mais aprofundada à estrutura organizacional e funcionamento do
FDIBAS, ver http://www.forumibsa.org/ .

dois deles – Brasil e Índia – integram os BRIC e que a África do Sul foi formalmente convidada a integrar o grupo[364], num inequívoco reconhecimento do potencial sul-africano, colocando Pretória na linha da frente para garantir uma vaga como representante do continente.

A concretização de tal cenário dará assim poder à África do Sul para consolidar a sua hegemonia no continente, servindo de interlocutor directo entre os Estados africanos e a Comunidade Internacional, numa realidade à qual não serão alheias questões relacionadas com o TPI, estimando-se que, qualquer(quaisquer) que seja(m) o(s) representante(s) africano(s) a marcar(em) presença como membro(s) permanente(s) ou não permanente(s) do Conselho de Segurança, a agenda africana tenderá a privilegiar a resolução de conflitos através de mecanismos regionais, sem ingerência de terceiros.

De facto, não só o passado da África do Sul no Conselho de Segurança[365] aponta neste sentido, como a presença de outros Estados africanos neste órgão ilustra a marginalização dos assuntos do continente face aos demais[366], num sinal claro da resistência dos Estados africanos às concepções e intervenções Ocidentais, por norma mais incisivas e sustentadas no já discutido universalismo ético.

---

[364] Cfr. «South Africa invited to join BRIC group», *Reuters*, 24 de Dezembro de 2010. http://uk.reuters.com/article/idUKTRE6BN1DX20101224.

[365] Recorde-se que a África do Sul exerceu um mandato como membro não permanente do Conselho de Segurança durante o biénio 2007-08, o que repete em 2011-12.

[366] Atente-se, por exemplo, às actuações de Líbia e Uganda, que, não raras vezes, votaram contra resoluções que teriam como consequência uma intervenção mais musculada da Comunidade Internacional em assuntos africanos, constituindo excepção a instabilidade vivida na Somália por ser passível de se estender a outros países da região.

6. Conclusões

> «Gnatola ma no kpon sia, eyenabe adelan to kpo mi Sena».[367]

Com este trabalho concluiu-se que a actuação e sobrevivência do TPI continuam dependentes da disponibilidade dos Estados em colaborar com o Tribunal, o que, no caso africano, ocorre quando as elites locais vêem em Haia um instrumento passível de beneficiar a sua estratégia política de perpetuação no poder, projectando, concomitantemente, a sua imagem no plano internacional.

Conforme constatado, RDC, Uganda e RCA são exemplos de Estados para os quais a actuação do TPI trouxe mais vantagens políticas aos governantes do que ao povo, principal alvo da actuação dos agentes visados pelo Tribunal. De facto, até ao momento, a justiça internacional em nada inspirou a condução de reformas que reforçassem o papel das instituições locais, mantendo-se, nos referidos países, o clima de impunidade propício à repetição dos impulsos beligerantes dos autores materiais dos crimes que dizimaram populações nestes territórios, ou até mesmo à ocorrência de novos conflitos.

O TPI apresenta-se como um exemplo de instrumento de *smart power* ao serviço de actores que privilegiam a universalização dos Direitos Humanos e tendem a rejeitar os mecanismos de responsabilização tra-

---

[367] «Enquanto o leão não tiver o seu narrador, o caçador será sempre o vencedor» (provérbio africano).

dicionais, entre os quais os africanos, impondo um sistema de inspiração tipicamente ocidental, que não admite a concessão de amnistias ou o trabalho de comissões de verdade e reconciliação, como sucedeu, com êxito, na África do Sul, enquanto forma de praticar a justiça.

Os Estados de África tendem a resistir à imposição de soluções «estrangeiras» e privilegiam a aplicação das suas concepções sobre direitos, deveres e resolução de conflitos pois estas soluções «caseiras» permitem-lhes gozar de elevada margem de discricionariedade na condução da sua linha governativa, aceitando, tal como os restantes Estados, incluindo as potências, a acção do TPI quando esta os favorece.

Assim, entre as motivações que levam um Estado africano a tornar-se ou não parte no ER contam-se factores como (i) a desadequação do ordenamento jurídico interno ao Estatuto – quer no que à recepção de normas de Direito Internacional diz respeito, quer em matéria de imunidades de altos funcionários do Estado –; (ii) a potencial instrumentalização do TPI contra as acções de grupos rebeldes ou de opositores políticos internos e externos; (iii) a garantia da aplicação da justiça dentro do seu território; (iv) a promoção da imagem do país junto da Comunidade Internacional, enquanto agente promotor dos meios de protecção aos Direitos Humanos; (v) a governação tendencialmente repressiva e atentatória dos Direitos Humanos, passível de colocar altos funcionários do Estado na lista de alos privilegiados da acção do Tribunal; (vi) a incompatibilidade entre o ER e princípios do foro religioso; (vii) a tomada de posição comum entre os membros de determinadas organizações regionais; ou (viii) a simples indiferença para com o Tribunal.

Por este motivo, apesar de toda a acção do Tribunal se resumir ao continente africano, não é honesto afirmar que «existe TPI em África», existindo, outrossim, «África no TPI»: até ao momento, com excepção à detenção de JEAN-PIERRE BEMBA, foram os Estados africanos que condicionaram quando e de que forma seria prestada a colaboração com Haia.

Se o impacto futuro das investigações do TPI no Quénia, na Líbia e no Sudão permanecem ainda uma incógnita, a actuação do Tribunal no Sudão tem-se revelado um verdadeiro fracasso, gerando um efeito perverso ao contribuir para uma campanha de união nacional, regional e até quase continental em torno de OMAR AL BASHIR, desencadeando ainda um movimento de contestação ao Tribunal. Depois de terem ratificado o Estatuto de Roma, a maioria dos Estados africanos manifestam hoje arrependimento por terem-no feito, constatando que as investigações do Tribunal tendem a escapar ao seu controlo, em virtude de os poderes reservados ao Procurador reduzirem as possibilidades de ingerência destes Estados por via diplomática.

Os Estados africanos parecem assim mais predispostos a aceitarem a constituição de tribunais não permanentes, de componente mista, como os da Serra Leoa, por se tratarem de instituições jurisdicionais com âmbito temporal, espacial e material limitados, ao contrário do TPI, que, pelo seu carácter permanente e pelas amplas competências que detém, mantém relativa pressão sobre as elites locais.

Não serão, assim, de estranhar as acções de charme internacionais com vista a persuadirem os Estados africanos a colaborarem cada vez mais com Haia, procurando estabelecer fortes laços de afinidade entre África e o Tribunal. Acreditamos que terá sido esta uma das motivações subjacentes à escolha da advogada gambiana FATOU B. BENSOUDA para substituir LUÍS MORENO-OCAMPO no cargo de Procurador, com efeitos a partir de 16 de Junho de 2012[368].

Ao mesmo tempo que o TPI parece um projecto condenado ao fracasso, sendo este cenário apenas adiado pelas colaborações pontuais dos Estados, é difícil defender a jurisdição do Tribunal quando o Estado chamado a colaborar com Haia (i) não só não tem qualquer elemento de conexão com o caso em análise, como (ii) o próprio Estado de origem não manifeste pretensões em julgá-lo.

Nestas situações, o TPI actua com base num princípio de justiça universal que tem vindo a regredir[369] em alguns Estados partes, como a

---

[368] Cfr. «Experienced Gambian lawyer set to become next ICC prosecutor», *United Nations*, 1 de Dezembro de 2011. http://www.un.org/apps/news/story.asp?NewsID=40589.
[369] Cfr. «Baltazar Garzón: Justiça universal está em retrocesso», *In Verbis: Revista Digital de Justiça e Sociedade – Portal Verbo Jurídico*, 8 de Novembro de 2010. http://www.inverbis.net/actualidade/baltazar-garzon-justica-universal-retrocesso.html.

Espanha[370-371], o que compromete a legitimidade do Tribunal no exercício das suas funções. Assim, como censurar a decisão de Estados, como o Chade e o Quénia, que se recusarem a deter AL BASHIR em casos que os próprios Estados se recusem a fazê-lo?

O Direito Internacional parece ainda embrenhado num mar de ambiguidade relativamente à questão das imunidades dos altos funcionários do Estado. Por um lado, o Estatuto de Roma afasta a protecção de governantes em exercício, mas, por outro, Estados europeus, como a Bélgica[372], e africanos, como a Etiópia, sendo ou não parte no Estatuto, tendem a recusar a aplicação do Direito Internacional costumeiro que, também ele, afasta, como já vimos, a imunidade dos dirigentes do Estado[373].

Finalmente, as questões relacionadas com o exercício da soberania pelos Estados. Parece injustificável a inviolabilidade da soberania de uns – mesmo quando cometem violações grosseiras ao Direito Internacional Humanitário – e, ao mesmo tempo, a secundarização da de outros, sem qualquer mecanismo ou instrumento que garanta a imparcialidade e o equilíbrio entre todos acima da vontade individual dos que exercem domínio sobre os demais. Tudo isto reflecte-se na descredibilização de um TPI selectivo e parcial, sobre o qual aumenta a desconfiança dos Estados africanos, os principais visados pelas concepções pedagógicas e paternalistas ocidentais.

---

[370] Cfr. «El Congreso limita la Justicia Universal a las competencias de España», *europapress*, 25 de Junho de 2009. http://www.europapress.es/nacional/noticia-congreso-limita-justicia-universal-competencias-espana-20090625171125.html.

[371] Em sentido contrário, a Bélgica parece defender um entendimento mais amplo deste conceito. Cfr. «Belgian Court Won't Try Sharon», *Los Angeles Times*, 13 de Fevereiro de 2010. http://articles.latimes.com/2003/feb/13/world/fg-sharon13.

[372] *Ibidem*.

[373] É curioso ver que os Estados africanos socorrem-se, não raras vezes, na transferência de eventos para países que não sejam parte no ER, com o intuito fraudulento de evitar o seu cumprimento. Contudo, o Direito costumeiro é, todo ele, verdadeiramente universal, pelo que, a Etiópia, apesar de não ser parte no Estatuto, está obrigada a julgar suspeitos da prática de genocídio. Cfr. «Kenya admits ICC warrant for Bashir forced IGAD venue change», *Sudan Tribune*, 13 de Novembro de 2010. http://www.sudantribune.com/Kenya-admits-ICC-warrant-for,36933.

É neste quadro de banalização e abstracção de expressões como «*good governance*», «Direitos Humanos» ou «soberania» que o Direito Internacional ganha força, não como contributo para a clareza e equilíbrio de poderes, mas enquanto meio de legitimação das pretensões políticas de Estados com visões imperialistas resultantes das suas ambições de expansão económica. Assim, pelas razões já enunciadas, concordamos com Martti Koskenniemi quando considera que o Direito Internacional dos tempos modernos está em declínio[374].

Ora, tal revela que o Direito Internacional não só está em crise como necessita de reinventar-se, sob pena de agravar o descrédito junto da Comunidade Internacional e que o impede de, verdadeiramente, garantir a protecção das vítimas de violações de Direitos Humanos no mundo inteiro, por toda esta protecção estar dependente dos possíveis efeitos que produza sobre os interesses das potências representadas no Conselho de Segurança.

Para este fim, e concordando com Armando Marques Guedes, o ponto de partida poderá passar, não pela acção nos Direitos Humanos – dado que a multiplicidade de actores reflecte-se na relutância para consolidar uma visão comum ao entendimento dado à dignidade de pessoa humana – mas nos chamados «valores humanos universais», por se revelarem mais flexíveis e não terem o mesmo carácter imperativo que os Direitos Humanos[375].

A constituição do TPI representa mais uma etapa no constante devir do Direito Internacional com vista à sua harmonização e tendencial universalização. Este longo e paulatino processo de universalização incondicional de um conjunto de princípios entendidos como comuns a todos os Estados tem contribuído para o crescente aumento das assimetrias entre as grandes potências – que procuram, desta forma, con-

---

[374] Cfr. Martti Koskenniemi, *The Gentle Civilizer of Nations – The Rise and Fall of International Law 1870-1960*, Cambridge, Cambridge University Press, 2002.
[375] Cfr. Armando Marques Guedes, «Local normative orders and globalisation: is there such a thing as universal human values?», *Estudos sobre Relações Internacionais*, Lisboa, Instituto Diplomático – Ministério dos Negócios Estrangeiros, 2005, pp. 129-182.

solidar a sua hegemonia – e Estados sem grande expressão no panorama internacional.

De facto, 43 anos após a Conferência de São Francisco, em 1945 – que esteve na origem da criação das Organização das Nações Unidas –, algumas das grandes potências mundiais voltam a estar envolvidas no processo de criação de um projecto de carácter universal, a qual foi concebida de acordo com a protecção dos seus interesses[376] e não em favor da vigência de um modelo de justiça internacional que garanta o equilíbrio entre todos os Estados e a consequente responsabilização de todos eles pela violação de normas do Direito Internacional Humanitário.

Na verdade, apesar da sua natureza jurisdicional, o TPI é uma instituição política que aplica normas jurídicas tendenciosas e alvo, não raras vezes, de interpretação parcial, contrariando as pretensões de todos aqueles que apoiaram, ao longo de 130 anos, a ideia de criação de um tribunal permanente de jurisdição universal[377].

Assim, o TPI evidencia um número ilimitado de fragilidades graves e inaceitáveis para um Tribunal que se pretende moderno e exemplar, inspirando os Estados a adaptarem os respectivos órgãos jurisdicionais internos aos padrões de transparência e imparcialidade exigidos, sobretudo, pelas potências ocidentais. As já denunciadas fragilidades demonstram que o Tribunal está longe de se apresentar como opção válida para assegurar a prossecução da justiça internacional, concorrendo, significativamente, para o rotulo «imperialista» que recai sobre uma instituição limitada aos caprichos do Conselho de Segurança e à protecção de interesses dos aliados dos membros permanentes.

Se esta ideia de parcialidade e aplicação de padrões distintos de forma discricionária compromete a colaboração dos Estados partes com o Tribunal – muitos dos quais reféns do auxílio internacional, sujeitando-se às condições usurárias impostas pelos principais «aliados» –, por outro

---

[376] Importa referir que a própria Carta das Nações Unidas é um documento ferido de ilegitimidade por ter sido elaborado (em benefício e) pelos cinco actuais membros permanentes do Conselho de Segurança – em especial os Estados Unidos, a URSS e o Reino Unido – e não pelos povos, ou por uma maioria dos representantes dos povos, como a letra do preâmbulo da Carta refere. Cfr. PAULA ESCARAMEIA, op. cit., pp. 73-79.

[377] Cfr. DAVID P. FORSYTHE, «Transitional justice: criminal courts and alternatives», Human Rights..., pp. 89-120.

lado há que considerar que o actual modelo que regula as relações internacionais está viciado por um evidente desequilíbrio passível de gerar a resistência dos principais lesados.

A perpetuação desta conjuntura parece adiar a visão de ALEXANDER WENDT, no sentido de o mundo estar a caminhar para a formação de um «Estado mundial» como solução para a prevenção de conflitos[378], pois afigura-se difícil o caminho para uma sociedade global, quando o mundo se confronta com uma imensidão de culturas e valores os quais, não raras vezes, colidem entre si. O fracasso do ideal ocidental de multiculturalismo começa a ser assumido pelos líderes ocidentais nos seus territórios[379], afigurando-se difícil conjecturar uma ideia de «sociedade multicultural global», quando no plano local este projecto demonstra fragilidades.

Estima-se, assim, que a manutenção do actual paradigma de universalização possa estar em risco, se se considerar o papel que as economias emergentes têm vindo a desempenhar em organizações e *fora* internacionais – com Índia, Brasil e África do Sul (IBAS) ao leme, acompanhados pelos «satélites»[380] –, constituindo-se, assim, como agentes de pressão do século XXI – complementados pelas ONG numa descentralização em rede que as novas tecnologias e a crescente interdependência global potenciam – reclamando o seu espaço no processo de tomada de decisão.

Tal, terá como motivação aquilo que MIREILLE DELMAS-MARTY refere como «contradição entre os dois processos de mundialização

---

[378] Cfr. ALEXANDER WENDT, «Why a World State Is Inevitable», *Human Dignity and Humiliation Studies*. http://www.humiliationstudies.org/documents/WendtWhyaWorldStateis Inevitable.pdf.

[379] Cfr. GONÇALO VENÂNCIO, «Alemanha discute imigração e Merkel arrasa multiculturalismo: "Falhou completamente"», *I online*, 18 de Outubro de 2010. http://www.ionline.pt/conteudo/83838-alemanha-discute-imigracao-e-merkel-arrasa-multiculturalismo-falhou-completamente.

[380] Entende-se como «satélites» todos aqueles Estados sem projecção mundial, mas que (i) apoiem as pretensões e as iniciativas de IBAS e (ii) apresentem potencial de desenvolvimento económico e político consideráveis, contando-se, entre estes, a maioria dos Estados africanos e sul-americanos e ainda outros como o Irão ou a Turquia.

que tendem por um lado para a uniformização e por outro para a fragmentação» tendo como ponto comum «o risco de incoerências no plano normativo» que geram insegurança naqueles que são os destinatários das tendências hegemónicas que caracterizam a situação geopolítica da actualidade[381].

Por este motivo – e tendo em atenção (i) a nulidade que hoje é a Assembleia-Geral, o órgão mais equilibrado e representativo da ONU, (ii) a desproporcionalidade evidente entre os países que compõem o Conselho de Segurança e (iii) o excesso de poderes que se este órgão concentra –, não é demais concluir que o constante adiamento da implementação do processo de reforma das Nações Unidas poderá conduzir à saturação definitiva da organização, a partir do momento em que a actuação das potências emergentes entrar em colisão com a hegemonia das grandes potências.

---

[381] Cfr. MIREILLE DELMAS-MARTY, «A Mundialização do Direito: Probabilidades e Riscos», *Perspectivas do Direito no Início do Século XXI – Stvdia Ivridica, nº 41 – Colloquia – 3*, Coimbra, Coimbra Editora, 1999, pp. 131-144, onde a autora analisa os riscos e as oportunidades da «mundialização do Direito», sugerindo que o Direito mundial é exequível através daquilo a que chama «pluralismo ordenado», enquanto solução «para responder ao risco de hegemonia» e «para evitar, a fragmentação e a incoerência, organizando o pluralismo à volta de noções comuns».

BIBLIOGRAFIA

AAVV, Pluralismo sem relativismo, Viseu, Imprensa de Ciências Sociais (Edição de Autor), Fevereiro de 2003.

— —, Perspectivas do Direito no Início do Século XXI – Stvdia Ivridica, nº 41 – Colloquia – 3, Coimbra, Coimbra Editora, 1999.

— —, Que Futuro Para o Direito Processual Penal – Simpósio em Homenagem a Jorge de Figueiredo Dias, por ocasião dos 20 anos do Código de Processo Penal Português, Coimbra Editora, 2009.

— —, The African Philosophy Reader, África do Sul, P. H. Coetzee e A. P. J. Roux (Edição de Autor), s.d..

— —, The Globalization of World Politics: an introduction to International Relations, Nova Iorque, Oxford University Press, 2001.

ALBUQUERQUE, Ruy de e ALBUQUERQUE, Martim de, História do Direito Português – I Volume (1140-1415) – 1ª parte, 10ª Edição, 1999, Lisboa, Pedro Ferreira.

AMARAL, Diogo Freitas do, História das Ideias Políticas, vol. I, Coimbra, Almedina, 1998.

BAPTISTA, Eduardo Correia, Ius Cogens em Direito Internacional, Lisboa, Lex, 1997.

— —, Direito Internacional Público – Sujeitos e Responsabilidade, vol. II, Coimbra, Almedina, 2004.

BASSIOUNI, M. Cherif, Introduction au Droit Pénal International, Bélgica, Bruylant, 2002.

BRITO, Wladimir, Direito Internacional Público, Coimbra Editora, 2008.

CASSESE, Antonio, International Criminal Law, Nova Iorque, Oxford University Press, 2003.

COUTINHO, Luís Pedro Pereira, A Autoridade Moral da Constituição – Da Fundamentação da Validade do Direito Constitucional, Coimbra Editora, 2009.

DELMAS-MARTY, Mireille, «A Mundialização do Direito: Probabilidades e Riscos», Perspectivas do Direito no Início do Século XXI – Stvdia Ivridica, nº 41 – Colloquia – 3, Coimbra, Coimbra Editora, 1999.

DINH, Nguyen Quoc, DAILLIER, Patrick e PELLET, Alain, Direito Internacional Público, Lisboa, Fundação Calouste Gulbenkian, 2003, 2º edição.

ESCARAMEIA, Paula, O Direito Internacional Público nos Princípios do Século XXI, Coimbra, Almedina, 2009, reimpressão da edição Setembro/2003.

FEIO, Diogo, Nação e Defesa, nº 97, Primavera 2001.

FORSYTHE, David P., Human Rights in International Relations, Cambridge, Cambridge University Press, 2006, 2ª Edição.

GOUVEIA, Jorge Bacelar, Manual de Direito Internacional Público – Introdução, Fontes, Relevância, Sujeitos, Domínio, Garantia, Coimbra, Almedina, 2008.

GUEDES, Armando Marques, Estudos sobre Relações Internacionais, Lisboa, Instituto Diplomático – Ministério dos Negócios Estrangeiros, 2005.

KAIN, Philip J., Hegel and the other – A study of the Phenomenology of Spirit, Estados Unidos, State University of New York Press, 2005.

KOSKENNIEMI, Martti, The Gentle Civilizer of Nations – The Rise and Fall of International Law 1870-1960, Cambridge, Cambridge University Press, 2002.

LAUTERBACH, Claire, «Commitment to the International Criminal Court among sub-Saharan African states», Eyes on the ICC, vol. 5, nº 1, Nova Iorque, Council for American Students in International Negotiations, s.d..

LOPES, José Alberto Azeredo, Textos Históricos do Direito e das Relações Internacionais, Porto, Universidade Católica Portuguesa, 1999.

LOUREIRO, João Carlos, Nação e Defesa, nº 97, Primavera 2001.

MACINTYRE, Alasdair, After Virtue – A Study in Moral Theory, Indiana, University of Notre Dame Press, 2007.

MADUREIRA, António Dias, «Cabinda: de Chinfuma a Simulambuco», Histórias de Portugal N48, Lisboa, Editorial Estampa, 2001.

MARTINS, Ana Maria Guerra, Direito Internacional dos Direitos Humanos, Coimbra, Almedina, 2006.

MESQUITA, Maria José Rangel de, Justiça Internacional – Lições – Parte I – Introdução, Lisboa, AAFDL, 2010.

MIRANDA, Jorge, Curso de Direito Internacional Público, Cascais, Principia, 2006.

NYE, JR, Joseph S., Soft Power: The Means to Success in World Politics, Nova Iorque, Public Affairs, 1ª Edição, 2004.

PEREIRA, André Gonçalves e QUADROS, Fausto de, Manual de Direito Internacional Público, 3ª Edição, Coimbra, Almedina, 2009.

SCHWARZENBERGER, Georg, Grotian Society Papers – Studies in the history of the law of nations, Haia, C. H. Alexandrowicz (Edição de Autor), 1968.

SÍTIOS NA INTERNET

Al Arabiya: http://www.alarabiya.net
Al Jazeera: http://english.aljazeera.net
All Africa: http://allafrica.com
American NGO Coalition for the ICC: http://www.amicc.org
BBC: http://www.bbc.co.uk
Bloomberg: http://www.bloomberg.com
Breaking News: http://www.breakingnews.ie
CNN: http://www.cnn.com
Coalition for the International Criminal Court: http://iccnow.org
Comissão Económica das Nações Unidas para África: http://www.uneca.org
Crisis States Research Centre: http://www.crisisstates.com
Cruz Vermelha: http://www.cruzvermelha.pt
Daily Mail Online: http://www.dailymail.co.uk
Daily Nation: http://www.nation.co.ke
DigitalCommons@Pace – Pace University Research: http://digitalcommons.pace.edu
Doctors Without Borders: http://www.doctorswithoutborders.org
Duke University: http://www.duke.edu
Emory Law: http://www.law.emory.edu/
europapress: http://www.europapress.es
European Journal of International Law: http://www.ejil.org
European Union @ United Nations: http://www.europa-eu-un.org
Faculdade de Direito da Universidade de Coimbra: http://www.fd.uc.pt
Faculdade de Direito da Universidade de Lisboa: http://www.fd.unl.pt
Foreign Affairs: http://www.foreignaffairs.com
Fórum IBAS: http://www.forumibsa.org

Gabinete de Documentação e Direito Comparado: http://www.gddc.pt
Human Dignity and Humiliation Studies: http://www.humiliationstudies.org
Human Rights Watch: http://www.hrw.org
I online: http://www.ionline.pt
ICC Commercial Crime Services: http://www.icc-ccs.org
In Verbis: Revista Digital de Justiça e Sociedade – Portal Verbo Jurídico: http://www.inverbis.net
Infidels Are Cool: http://infidelsarecool.com
Institute for International Law and Justice: http://www.iilj.org
Institute for Justice and Reconciliation: http://www.ijr.org.za
Institute for Security Studies: http://www.iss.co.za
Instituto das Tecnologias de Informação na Justiça – Bases Jurídico-Documentais: http://www.dgsi.pt
Integrated Regional Information Networks: http://ww.irinnews.org
International Center for Transitional Justice: http://www.ictj.org
International Committee of the Red Cross: http://www.icrc.org
International Criminal Court: http://www.icc-cpi.int
International Crisis Group: http://www.crisisgroup.org
International News Safety Institute: http://www.newssafety.org
International Relations & Cooperation: http://www.dfa.gov.za
IslamOnline.net: http://www.islamonline.net
Janus.Anuário: http://www.janusonline.pt
Kenya National Commission on Human Rights: http://www.knchr.org/
Khaleej Times Online: http://www.khaleejtimes.com
La Repubblica: http://www.repubblica.it
LA Times: http://www.latimes.com
L'Express: http://www.lexpress.fr
Mail & Guardian online: http://www.mg.co.za
Mars Group Kenya: http:// www.marsgroupkenya.org
Ordem dos Advogados de Angola: http://www.oaang.org
Organização das Nações Unidas: http://www.un.org
Oxford Journals – African Affairs: http://afraf.oxfordjournals.org
Público: http://www.publico.pt
Radio Netherlands Worldwide: http://www.rnw.nl
Reuters: http://www.reuters.com
Revista Crítica de Ciências Sociais: http://www.ces.uc.pt/rccs/includes/download.php?id=761
SelectedWorks: http://works.bepress.com
Sudan Human Security Baseline Assessment: http://www.smallarmssurvey-sudan.org

Sudan Tribune: http://www.sudantribune.com
The Boston Globe: http://www.boston.com
The Christian Science Monitor: http://www.csmonitor.com
The Standard: http://www.standardmedia.co.ke
The World War I Document Archive: http://wwi.lib.byu.edu
Transparency International: http://www.transparency.org
União Africana: http://www.africa-union.org
United Nations: http://www.un.org
United Nations Treaty Collection: http://treaties.un.org
University of St. Thomas: http://www.stthomas.edu
VEJA: http://veja.abril.com.br
Voice of America News: http://www.voanews.com

ÍNDICE

1.	Introdução	15
2.	As Origens da Justiça Internacional	21
2.1.	O pós-II Guerra Mundial	27
2.2.	Os Tribunais *ad hoc*	30
2.3.	O Tribunal Penal Internacional	32
3.	África e o Tribunal Penal Internacional	45
3.1.	A África Lusófona	49
3.2.	A África Francófona	54
3.3.	A África Anglófona	57
3.4.	Considerações Finais do Capítulo	60
4.	O Tribunal Penal Internacional em África	65
4.1.	A «Situação na RDC»	66
4.2.	A «Situação no Uganda»	70
4.3.	A «Situação na RCA»	74
4.4.	A «Situação no Sudão»	77
4.5.	A «Situação no Quénia»	90
4.6.	A «Situação na Líbia»	94
4.7.	A «Situação na Costa do Marfim»	98
5.	Outros Exemplos da Resistência Africana a Concepções Ocidentais	105
5.1.	Universalismo Ético vs Relativismo Cultural	113
5.2.	A Questão da Reforma das Nações Unidas	124
6.	Conclusões	131
Bibliografia		139
Sítios na Internet		143